
CÓMO TRATAR CON PERSONAS DIFÍCILES Y SOBREVIVIR

Una Guía para Lidiar con Personas Negativas, Manipulativas o Tóxicas

---

ALARIC BENNETT

información se realiza sin contrato y sin ningún tipo de garantía endosada.

El uso de marcas comerciales en este documento carece de consentimiento, y la publicación de la marca comercial no tiene ni el permiso ni el respaldo del propietario de la misma.

Todas las marcas comerciales dentro de este libro se usan solo para fines de aclaración y pertenecen a sus propietarios, quienes no están relacionados con este documento.

Índice

Introducción

Al principio, me encontré pasando de la adolescencia a la edad adulta y poniendo excusas por el comportamiento de otras personas. Lucharon o sufrieron en el pasado. Pero no fue su culpa, necesitabas ser más comprensiva y servicial.

Antes de que te des cuenta, has perdido tu verdadero yo.

Cambiaste para mejorar la vida de los demás, pero al hacerlo perdiste una parte importante de ti mismo. Hasta el punto en que te miras en el espejo y no lo comparas con tu reflejo. Quizás te has despertado un par de veces y te has convencido de que hoy será diferente. Que nadie está enojado contigo, ignora tus necesidades o te manipula sin razón. Probablemente estas personas no tarden mucho en robarte tu positividad. Y ahora has llegado a un punto en el que aceptas lo que es la vida. va a ser como.

La triste realidad es que hay demasiadas personas tóxicas en el mundo.

Están en tu lugar de trabajo, en el supermercado, en internet e incluso en tu familia. Nos retiramos del mundo tanto como sea posible, pero parece que no podemos escapar de ellos. Lo único que podemos hacer es aprender a usarlos correctamente. Recupera el control para que puedas vivir tu vida como quieras, como quieras, como quieras.

Para hacer esto, tienes que empezar desde el principio.

Mírate a ti mismo y el camino que tomaste para llegar a dónde estás hoy. Una vez que hayamos eliminado todas las capas de dolor, echaremos un vistazo a las diferentes formas en que las personas tóxicas se expresan y, al final del libro, la veremos bajo una luz muy diferente.

Es hora de dominar las técnicas para lidiar con la toxicidad en diferentes relaciones y situaciones, y aprender a disfrutar de la vida con relaciones más sólidas, objetivos y una mente y un cuerpo más sanos. Los puntos de ruptura no siempre son algo malo. No creo que sea justo que nadie tenga que aguantar a la gente tóxica o conformarse con una relación igualitaria y sin amor. En un mundo lleno de cosas negativas, todos tenemos un lado positivo. Creo que necesito un poco de ayuda para conseguir las cosas pasando, mirando cada paso se explica de una manera fácil de entender. Pero eso no significa que el proceso sea fácil o que no necesites leer este libro.

Con eso en mente, echemos un vistazo más de cerca a los mayores desafíos y lo que puede hacer para superar los contratiempos en el camino, por favor no te preocupes. Intentamos hacer las cosas un poco más divertidas y fáciles al comprender exactamente por qué hay personas tóxicas en nuestras vidas.

Siempre habrá gente difícil en tu vida - ¡Acéptalo!

HAY muchas personas tóxicas en el mundo y, si somos sinceros, hay un espectro de toxicidad que podemos contemplar. En un extremo del espectro, puede que tengas a alguien en tu vida que se queja constantemente: creen que el mundo les debe la vida y que tienes que ser tú quien escuche sus problemas, pero nunca valorarán tus consejos. A estas personas las llamamos vampiros de energía.

En el extremo opuesto están las personas tóxicas que son abusivas, violentas o algo peor. ¿Quién puede recordar una época anterior al 11-S en la que el miedo al terrorismo no fuera algo que se nos pasara por la cabeza? Desde políticos corruptos hasta actos delictivos, estamos expuestos a personas tóxicas todo el tiempo. Tanto si las vemos en la televisión como en nuestra vida cotidiana, es difícil escapar de ellas.

. . .

Entonces, ¿qué es lo que lleva a las personas a ser tóxicas?

Algunos piensan que nacen así, otros creen que hay complejidades neurológicas y de comportamiento implicadas, y también hay que tener en cuenta el impacto del entorno. Antes de caer en la trampa de considerar a las personas como buenas o malas, debemos entender mejor la psicología humana. Hay que tener en cuenta que esto no es en absoluto una excusa para el comportamiento de las personas. Sin embargo, es una excelente manera de abrir la mente, ver las cosas desde una nueva perspectiva y, tal vez, aprender más sobre tu propia forma de pensar.

La complejidad de la psicología humana

Sabemos que el cerebro es un órgano impresionante. A menudo sólo nos referimos a él cuando hablamos de nuestra inteligencia, pero sabemos que es el responsable de controlar todos los órganos y sistemas de nuestro cuerpo. El cerebro humano tiene aproximadamente 100 mil millones de neuronas y hay alrededor de 0,15 cuatrillones de conexiones entre estas neuronas (Choi, 2016). Estas conexiones son vitales para el intercambio de sustancias químicas. Estas sustancias químicas son los neurotransmisores y se conocen 100 diferentes. Para mí, es como imaginar el tráfico más intenso del mundo y multiplicarlo por... ¡mil millones!

Algunas de estas sustancias químicas son más conocidas, como la serotonina y la oxitocina, a las que se suele llamar las sustancias químicas de la felicidad o las hormonas de la felicidad. La dopamina también influye en el sueño, el estado de ánimo y los impulsos, y es nuestra sustancia química de "recompensa". El ácido gamma-aminobutírico (GABA) puede mejorar nuestro estado de ánimo y ayudarnos con la ansiedad.

Los desequilibrios químicos pueden provocar emociones poco saludables y trastornos mentales. En concreto, los estudios realizados sobre las deficiencias de serotonina mostraron un aumento de los actos de comportamiento violento e impulsivo agresivo (Society For Neuroscience, 2007). Los desequilibrios químicos también pueden ser causados por lo que consumimos, no sólo las drogas y el alcohol, sino también los alimentos que ingerimos. La cocaína produce una acumulación de dopamina. La comida basura puede tener un efecto similar. El placer que obtenemos de nuestra porción de pizza o hamburguesa favorita activa el circuito de recompensa en nuestro cerebro y se produce más dopamina.

· · ·

Aunque estas sustancias químicas tienen sus apodos, no hay una sola que nos haga sentir amor, odio o ira. Múltiples sustancias químicas trabajan simultáneamente en el cerebro para ajustar el estado de ánimo en función de la situación a la que nos enfrentemos.

Cuando te enfrentas a un peligro, el cerebro produce las sustancias químicas necesarias para proporcionarte adrenalina con el fin de reaccionar más rápidamente. Esto no es algo que podamos controlar. Dicho esto, también hay medicamentos que alteran las sustancias químicas, como los antidepresivos, que podemos tomar para ayudar a controlar nuestro estado de ánimo.

Los neuroquímicos son sólo un factor que puede afectar a nuestro comportamiento. Las personalidades individuales influyen en gran medida en la dificultad de las personas. Un estudio de la Universidad Carlos III de Madrid analizó a 541 voluntarios y cientos de dilemas sociales. Los resultados mostraron que el 90% de los participantes podían clasificarse en uno de los cuatro tipos de personalidad: optimista, pesimista, confiado y envidioso. La envidia fue el tipo de personalidad más común y el monstruo de ojos verdes hace que la gente haga cosas que pueden ser desde difíciles hasta tóxicas.

· · ·

El comportamiento es otro factor de la psicología humana y de la forma en que interactuamos con los demás. Nuestro comportamiento está formado por tres componentes: nuestras acciones, la cognición y las emociones. Por ejemplo, llega el fin de semana y te acuerdas de que tienes que hacer la compra (cognición), escribes la lista y haces la compra (acción) y, finalmente, te sientes algo estresado y agotado (las emociones). Evidentemente, se trata de un ejemplo muy simplificado.

Todos nacemos con unos neuroquímicos y nacemos con un tipo de personalidad, pero el comportamiento es aprendido. Somos producto de nuestro entorno. Aprendemos gran parte de nuestro comportamiento de nuestros padres y esto afecta a cómo actuamos en diferentes situaciones y cómo tratamos a los demás. Además, nuestro entorno físico real puede influir en nuestro comportamiento y nuestras motivaciones. Los entornos ruidosos pueden causar estrés, las habitaciones oscuras provocan una sensación de pesadez o depresión. La interacción humana mejora en los entornos que se sienten seguros y protegidos.

Así que, en realidad, hay una gran cantidad de razones por las que las personas en su vida pueden ser difíciles. Podría ser simplemente que son desagradables y disfrutan viéndote sufrir, o podría haber condiciones subyacentes detrás de su comportamiento.

· · ·

Las perplejidades y permutaciones de las emociones humanas

¿Cómo es posible que dos personas puedan estar viendo la misma película y que a una le parezca divertidísima y a la otra le haga poca gracia?

El personal de emergencias se enfrenta al peligro todos los días, pero otros tienen demasiado miedo incluso para conducir un coche o volar en un avión. Cuando se analizan los productos neuroquímicos, la personalidad, el comportamiento y el entorno, se empieza a ver cómo las personas interpretan las situaciones y las emociones de otras personas de forma diferente. Profundicemos en algunos ejemplos.

Uno de los mejores ejemplos que hemos visto a escala mundial es cómo reaccionó la gente ante el COVID-19.

Esta amenaza para nuestra salud provocó una amplia gama de emociones y acciones. Algunas personas entraron en modo de pánico, abasteciéndose de rollos de papel higiénico y desinfectantes. Otros pensaron que todo era una teoría de la conspiración y todo lo demás.

· · ·

La forma en que la gente maneja el estrés varía. A algunos les encanta, y dejan las cosas para el último momento para sentir esa sensación de logro. Otros se dan cuenta de que si tienen una cantidad abrumadora de cosas que hacer, se estresan aún más ante la idea de lo que tienen que hacer incluso antes de empezar. También están los que se rinden enseguida, sabiendo que nunca lo conseguirán todo.

La forma en que vemos la tarea que tenemos por delante dicta cómo manejamos el estrés. Y no se trata sólo de las cosas que tenemos que hacer.

Podemos tener diferentes reacciones ante el estrés financiero, el estrés de las discusiones en una relación o el estrés del trabajo.

Es estupendo ver a personas que se toman los grandes cambios de la vida con calma. Cambiarse de casa debería ser emocionante, ya que estás empezando un nuevo capítulo en tu vida. Algunas personas lo hacen parecer tan fácil, con todo empaquetado y etiquetado como una operación militar. Otros están emocionalmente agotados, tristes por dejar su casa.

· · ·

Podemos ver lo mismo cuando la gente tiene bebés. Parece que algunas madres se lo toman todo con calma, como si fuera algo natural. Debido a los cambios químicos y hormonales, otras mujeres sufren depresión posparto. La crianza de los hijos, en general, puede ser una experiencia muy emotiva y cada persona encuentra su propia manera de afrontar los retos. Muchos padres buscan ayuda y consejo de otros, mientras que otros prefieren manejar los problemas y las emociones internamente.

Es interesante la forma en que las distintas personas manejan a quienes se enfadan con ellos. ¿Luchas contra la ira con ira o eres de los que pueden mantener la calma?

Algunas personas simplemente se ríen, mientras que otras lloran.

Cuando alguien a quien queremos fallece, podemos trabajar a través de nuestras etapas de duelo, pero también es muy común que las personas se queden atascadas en una etapa particular, sin poder superar la ira o la depresión. Es posible que hayas experimentado una pérdida tan grande que hayas recurrido a algún tipo de adicción, ya sea a la bebida, a la comida o al ejercicio, cualquier cosa para llenar el hueco que ha quedado.

· · ·

Las experiencias por las que pasamos en la infancia, la adolescencia y la juventud también afectan a nuestras emociones y a nuestra forma de interpretar las cosas. De hecho, el cerebro no está completamente desarrollado hasta los 25 años (Sapolsky, 2018). Piensa en todo lo que ha pasado en tu vida antes de esta edad, o si no has llegado al cuarto de siglo, al menos hasta ahora. Crecer con padres poco amables y cariñosos muestra a sus hijos lo que deben esperar de sus futuras relaciones. Los adolescentes que son testigos del divorcio de sus padres suelen sentir que el matrimonio es imprevisible e inestable (Risch, Jodl, Eccles, 2004).

El trastorno de personalidad narcisista también se desarrolla antes de que el cerebro haya madurado completamente.

Mientras que su causa puede ser genética y/o neurobiológica; el entorno puede influir.

Los estilos de crianza influyen en las experiencias de los niños. La admiración excesiva puede conducir a un ego inflado y a un sentido de autoimportancia. Por el contrario, los niños que han sido criticados en exceso pueden sentir que no alcanzan la perfección. El narcisista puede parecer lleno de confianza con una actitud de superioridad, pero a menudo es sólo una cubierta para una autoestima extremadamente baja.

¿Qué significa todo esto?

Significa que no podemos apresurarnos a juzgar a las personas o a etiquetarlas como malas o tóxicas. Los tipos de personalidad y los trastornos de la personalidad tienen causas profundas: no nos levantamos un día y nos convertimos en personas complacientes, ensimismadas o sociópatas. Es importante decidir si las personas difíciles de tu vida están haciendo un esfuerzo por mejorar, al igual que tú. Es posible que hayan aceptado el hecho de que tienen un problema, que hayan buscado ayuda profesional y que se comuniquen abiertamente contigo para superar sus problemas. Estas personas pueden seguir siendo difíciles y seguir haciéndote daño, pero lo están intentando.

Luego están las personas en tu vida que aún no han reconocido su problema. Con ellos será más difícil, pero no imposible. Cuando estés bien encaminado hacia una vida mejor, tendrás las herramientas y el conocimiento para empezar a mostrarles cómo su vida puede mejorar. También tendrás un pequeño puñado de personas que realmente disfrutan siendo como son. Nunca cambiarán porque no creen que sea lo mejor para ellos. Éstas serán las personas más difíciles de tratar, pero eso no quiere decir que tengas que tolerar su comportamiento. En lugar de eso, navega por la vida a su alrededor incluso con su presencia en tu vida.

Una de nuestras primeras tareas es empezar a ver a las personas por lo que realmente son, en lugar de por lo que queremos que sean. Tendemos a crear un conjunto de expectativas y creencias sobre las personas de nuestra vida y, a menudo, esto nos lleva a conocer sólo la mitad de lo que realmente son. Esto se ve agravado por nuestras experiencias anteriores.

Por ejemplo, si te engañaron en el pasado, es difícil no empezar cada nueva relación con la suposición de que esta persona puede hacer lo mismo. Debemos dejar de lado nuestros prejuicios y mirar a cada persona por lo que realmente es, sin ignorarla ni excusarla por sus palabras y acciones. Hacer cambios en nuestra propia vida es lo que nos va a llevar a los mejores resultados, no desperdiciar esfuerzos tratando de cambiar a quienes no quieren hacerlo.

A continuación, imagina cómo sería la vida sin dificultades. Suena extraño, pero imagino que sería un poco aburrida.

· · ·

Necesitamos retos y contratiempos en nuestras vidas porque son estas experiencias las que nos permiten aprender y crecer. No estoy sugiriendo que nos desvivamos por encontrar problemas, pero la persona que ha perdido su trabajo y ha tenido problemas económicos puede ahora apreciar el valor del dinero. La persona que ha amado y perdido ahora sabe más sobre sí misma, sus límites y lo que no quiere en una relación. La persona que ha tenido que vivir con un padre o una pareja abusiva se ha hecho más fuerte.

Para dar una perspectiva positiva a las personas tóxicas: todas las personas que conocemos tienen un propósito o una lección que enseñarnos. Ya no vamos a dejar de lado estas experiencias, sino que vamos a abrazarlas. Aprender a lidiar con ellas, y a no dejar que sus acciones te afecten tan dolorosamente como lo han hecho en el pasado, te va a permitir crear límites saludables, que es la clave de la felicidad.

Poner en práctica el capítulo 1

Tómate un tiempo para analizar a las personas tóxicas de tu vida. ¿Qué tan bien las conoces y sus experiencias pasadas?

· · ·

¿Hay algo que pueda haber ocurrido para causar su comportamiento? No te centres en cómo influyen negativamente en tus acciones, sino en qué cosas positivas puedes sacar de esas relaciones difíciles.

2

¿También te estás poniendo difícil?

EN EL ÚLTIMO capítulo se analizaron todas las razones por las que los demás son difíciles. Pero seamos sinceros, asumir que todo es culpa de los demás es algo ingenuo.

Te va a resultar increíblemente difícil manejar a las personas difíciles en tu vida si no eres capaz de dar un paso atrás y darte cuenta de que tú también puedes desempeñar un papel. Esto no es algo bueno o malo. Es lo que es y nadie es perfecto. Sin embargo, es necesario que nos tomemos un tiempo para descubrir si tenemos algunas tendencias negativas que podrían estar contribuyendo a la situación.

Cómo influye la percepción en nuestras relaciones e interacciones

. . .

Imagina un curry de pollo picante con tres personas diferentes a punto de comerlo. Es el mismo curry -el mismo olor, el mismo color, la misma textura y el mismo sabor- pero cada persona tiene una experiencia diferente. A una persona le parece demasiado picante, a la otra le parece que el pollo está seco y a la tercera le parece que el color es desagradable. Lo mismo puede decirse de nuestra percepción de la realidad. Cincuenta personas pueden ir a la misma fiesta, a la misma realidad, pero cada una tendrá una experiencia diferente.

La forma en que veamos cada experiencia dependerá en gran medida de nuestras expectativas, nuestras experiencias pasadas e incluso del estado de ánimo que tengamos en ese momento. Los estudios apoyan esta diferente visión de la realidad. Cuando dos equipos de fútbol jugaron un partido, se pidió a los aficionados que anotaran todas las faltas cometidas. Los seguidores del equipo ganador eran los que pensaban que había el doble de faltas de las que su equipo había cometido realmente (Hastorf, Cantril, 1954). Desde este estudio, otros han seguido mostrando los mismos resultados: que las personas no son objetivas y pueden ver las cosas de maneras muy diferentes.

El mejor ejemplo de esto hoy en día se puede ver a menudo en el hogar con respecto a la igualdad. En algún momento, la mayoría de nosotros hemos discutido sobre las tareas domésticas y sobre quién hace su parte justa.

. . .

A pesar de todos los hechos, la pareja no parece ponerse de acuerdo en el reparto justo.

"¿Soy tóxico?" Autoevaluación

Debemos mirarnos a nosotros mismos y decidir qué comportamientos y hábitos tenemos que podrían mejorarse. Puedes mirar el capítulo 1 y ver si algo te suena. Todo lo que se aplica a las personas tóxicas de tu vida también se puede aplicar a ti. A continuación, encontrarás un cuestionario de autoevaluación que te ayudará a conocer mejor las posibles cualidades negativas de tu propia personalidad.

1. ¿Prefieres hablar a escuchar?

2. ¿Le gusta el drama en su vida?

3. ¿Te cuesta ver los puntos de vista de los demás?

4. ¿Te resulta fácil decir mentiras?

5. ¿Disfrutas con los chismes?

6. ¿Pasa mucho tiempo pensando en el pasado?

7. Cuando surgen problemas, ¿te culpas a ti mismo o a los demás?

8. ¿Le resulta fácil pedir disculpas cuando se equivoca?

9. ¿Guardas rencor o puedes dejar pasar las cosas?

10. ¿Está bien burlarse de los demás para conseguir una risa del público?

11. ¿Haces las cosas personales, especialmente en las discusiones?

12. ¿Descarta los logros de los demás?

13. ¿Tomas más de lo que das?

14. ¿Puedes ser demasiado crítico con los demás?

15. ¿Has notado que la gente tiende a evitarte o a desaparecer de tu vida sin un motivo concreto?

16. ¿Eres pasivo-agresivo o utilizas la manipulación emocional como el tratamiento de silencio?

En general, las personas no son tóxicas o no tóxicas. Hay distintos grados según la situación. No busques una respuesta de sí o no para saber si eres tóxico. Puede ser que te guste el drama y los chismes, pero que seas más que capaz de disculparte y perdonar a los demás y dejarlos en el pasado. Esto apunta a una persona que puede tener momentos tóxicos pero que, en general, es amable y querida. El problema es que la tendencia a cotillear puede afectar seriamente a la felicidad de los demás y podrían verte como tóxico debido a este comportamiento.

El poder de la aceptación

La aceptación puede ser una herramienta increíblemente poderosa tanto para el pasado como para el presente. Tu pasado ha dado forma a la persona que eres hoy. Tal vez fue una infancia dura, abandonaste la universidad, o empezaste un negocio que no despegó. Todas estas acciones han sido significativas en tu vida, pero para muchos de nosotros, todavía nos aferramos a estos momentos. Pero ¿cómo te ayuda esto ahora? ¿Es saludable para ti seguir repitiendo los momentos negativos de tu vida?

Sé que durante años me aferré a la relación que tenían mis padres. Miraba mi propia relación y comparaba los problemas, ponía excusas y culpaba a mi pasado de los problemas que tenía. Lo que debería haber hecho es simplemente aceptar que era lo que era. Por supuesto, no es tan fácil como parece, pero es tu decisión aceptar lo que te ha pasado hasta ahora y dejarlo donde está.

En el presente, el constante goteo de cambios y acontecimientos imprevisibles puede dejar nuestra mente en medio de una tormenta, debatiendo sobre las decisiones correctas que hay que tomar, por qué siempre te pasan estas cosas y cómo vas a sobrevivir. O puedes decidir aceptar los retos que te lanzan. Aprender a aceptar es como una increíble tormenta. Antes de la tormenta, el aire es espeso y pesado. El momento de la aceptación es la lluvia, que se lleva toda la negatividad. Finalmente, te queda un cielo despejado y es más fácil ver el camino correcto hacia adelante.

· · ·

Ten cuidado de no caer en el otro extremo. Como explica Dylan Woon en su charla TED "Power of Acceptance", la aceptación no consiste en un estado de no hacer nada. Si alguien te roba el coche, no lo aceptas y empiezas a buscar uno nuevo. Sin embargo, lo denuncias a la policía y aceptas que esa es la situación en la que te encuentras en ese momento.

Lo que también hay que hacer es tomar todo de una situación aceptada y aprender de ella. Volviendo al ejemplo del coche: has denunciado, que es lo único que puedes hacer en esta situación, y has aprendido la valiosa lección de elegir mejor la zona de aparcamiento, quizás incluso pagando por un aparcamiento seguro en lugar de dejarlo en la calle.

Revivir la situación y jugar al juego del "qué pasaría si" sólo va a agotarte mentalmente, ya que no tienes el poder de cambiarlo. Una vez que seas capaz de hacer esto con otras áreas de tu pasado, pronto verás que tu perspectiva cambia, y los eventos futuros que de otra manera te habrían lanzado a la tormenta, ahora pueden ser manejados con una perspectiva positiva.

Como he dicho, esto no es fácil. A lo largo del tiempo, hemos entrenado subconscientemente a nuestro cerebro para que se aferre a las experiencias negativas en lugar de aceptarlas: es un hábito, y ya sabemos lo difícil que es romper un hábito. Después de una cierta cantidad de comportamientos repetidos, las acciones pasan de la parte de decisión de nuestro cerebro (la corteza prefrontal) a la zona de hábitos de nuestro cerebro (los ganglios basales).

Por ejemplo, cuando estamos aprendiendo a conducir, nuestro córtex prefrontal está muy activo, pero después de un tiempo, las acciones se convierten en algo natural.

Ya no es una experiencia de aprendizaje que requiera la toma de decisiones, sino que conducir es un hábito.

En su mayor parte, esto nos facilita la vida al no tener que concentrarnos en algunas de nuestras tareas diarias. Pero no nos ayuda cuando se trata de nuestros malos hábitos, como por ejemplo no ser capaces de aceptar lo que ha pasado. Tenemos que aprender a romper este bucle de hábitos.

Para romper los hábitos, tenemos que reconocer qué es lo que queremos hacer de forma diferente. En este caso, tenemos que reconocer cuándo estamos demasiado apegados a un acontecimiento. Si te arrepientes de tu pasado -digamos que no hiciste un cambio de carrera cuando tuviste la oportunidad y ahora odias tu trabajo-

tienes que detectar el estrés y la negatividad que sientes cuando empiezas a pensar en lo que deberías haber hecho.

Empieza inmediatamente a pensar en lo que has aprendido de ello. Ahora eres consciente de que, cuando surjan oportunidades, debes sopesar cuidadosamente los pros y los contras antes de tomar una decisión definitiva.

¿Qué puedes hacer con tu comportamiento tóxico?

Llegados a este punto, te has mirado más de cerca a ti mismo y ahora puedes ver qué partes de tu personalidad o de tu comportamiento son tóxicas o quizás alimentan el comportamiento de las personas tóxicas en tu vida. Aunque no debes culpar a los demás por lo que, si te ha sucedido algo en tu vida, tampoco debes castigarte por ello: esto se refiere a la aceptación. Lo que ha sucedido ha sucedido y ahora es el momento de seguir adelante.

A continuación, te ofrecemos algunos pasos que debes seguir para convertir cualquier aspecto negativo en positivo y amable:

- Toma lo que has aprendido sobre ti mismo y mira si los demás pueden añadir algo a tus nuevos conocimientos. No siempre es fácil detectar nuestros propios defectos, por lo que los comentarios constructivos de las personas que quieres y en las que confías pueden permitirte obtener una imagen más completa.

- No te pongas a la defensiva cuando la gente te dé su opinión. No intentes culpar a los demás ni ofrecer excusas porque ese no es el objetivo del ejercicio. Toma nota de lo que te dicen para que tú también puedas incorporar esos cambios.

- Amplía tus relaciones. Esto puede sonar un poco extraño, pero fíjate si tus amigos son todos de una edad, raza, religión y origen similares. Probablemente descubrirás que tenéis valores y creencias similares.

Esto no tiene nada de malo, pero si puedes ampliar tus relaciones para incluir una gama más amplia de personalidades y experiencias, podrás aprender más sobre cómo manejar temas con los que no estás familiarizado. Es posible que conozcas a personas que tienen experiencia de primera mano en el trato con narcisistas o en la creación de confianza en las relaciones.

- Pide las disculpas necesarias. Si tu introspección y retroalimentación han descubierto acciones que justifican una disculpa, ahora es el momento. No hay necesidad de hacer una gran canción y baile de ello, pero al mismo tiempo, su disculpa tiene que ser sincera. Considere este momento como un nuevo comienzo.

- Empieza a abordar tus comportamientos negativos uno por uno. A la hora de hacer cambios, siempre es mejor hacer pequeños cambios que vayan a durar en lugar de muchos de una sola vez que no van a durar. Por ejemplo, si solías restar importancia a los logros de tu pareja, podrías sorprenderla con una cena de celebración. O si tiene la costumbre de hablar demasiado o de interrumpir, podría utilizar un temporizador, reentrenando su cerebro para ser un mejor comunicador.

Para muchos, esto parecerá un capítulo extraño para un libro que tiene como objetivo ayudarte a tratar con otras personas que son tóxicas. Lo más probable es que tú no seas tóxico y que sólo haya algunas cosas que puedas ajustar para que tus interacciones sean más fructíferas y menos conflictivas.

La clave de este capítulo es que nadie es perfecto y que la perspectiva puede ayudarte no sólo ahora, sino también en futuras relaciones. Sólo puedes responsabilizarte de tu propio comportamiento; las acciones de los demás son su propia responsabilidad.

3

Todo empieza contigo

No HAY nada más empoderador que tomar una mala situación y saber que puedes cambiarla para mejor. El tópico es mirarse mucho al espejo, pero reconozcámoslo, las personas tóxicas de nuestra vida nos lo han puesto muy difícil debido a la falta total de autoestima. Lo más probable es que sólo nos sintamos peor con nosotros mismos.

La cuestión es que, si puedes superar las palabras y acciones de los demás, podrás mirarte al espejo y ver tu verdadero valor. La primera mirada tiene que ver con las arrugas adicionales o quizás con alguna cana. Pero vamos más allá y cuando te tomes un poco más de tiempo para mirar tu reflejo, empezarás a ver unos ojos amables que tienen mucha sabiduría y bondad que ofrecer, de la manera correcta y a las personas adecuadas.

· · ·

Volvamos a esas arrugas que vemos en el espejo, y si no hay arrugas, puede haber bolsas o manchas u otros signos de un camino lleno de luchas. La primera vez que lo intenté encontré todas las excusas posibles. Las bolsas bajo los ojos se debían al estrés que me causaban mis relaciones. Mi mala piel era por el cansancio... por el estrés que me causaban mis relaciones. ¡Y puedes adivinar por qué había aparecido una papada! Bueno, no tenía energía para hacer ejercicio por los mismos problemas.

Lo que en realidad es peor que culpar a los demás de tus problemas es que estás entregando inmensas cantidades de poder. Si una persona tiene tanto control sobre tu vida y puede causar efectos tan negativos, entonces tiene demasiado poder. Todo empieza por encontrar tu propio poder. No un poder falso, no uno impulsado por tu ego o la necesidad de controlar, sino el verdadero poder.

¿Qué es el verdadero poder y de dónde viene?

El verdadero poder es un cóctel de ingredientes que incluye el amor, la capacidad de saber quién eres realmente y la aceptación de la que hemos hablado antes. Se trata de construir tu propia vida de forma que no impongas las cosas a los demás, pero, al mismo tiempo, no significa permitir que la gente te pisotee. Al establecer los límites correctos que no te perjudican a ti ni a los demás, consigues experimentar un poder increíble desde tu interior.

A algunos les hace falta una experiencia cercana a la muerte para apreciar el poder que tienen, otros empiezan a encontrarlo mientras siguen un camino espiritual o religioso. Para el resto de nosotros, comienza aprendiendo quiénes somos realmente. Ya hemos comenzado este paso observando nuestros posibles defectos y comportamientos negativos, pero hay más que eso. Si has estado rodeado de personas tóxicas durante demasiado tiempo, es posible que hayas perdido el contacto contigo mismo.

Tómate un momento para pensar en tus cualidades positivas: tu gran corazón, el amor que tienes para dar.

¿Qué cosas te gusta hacer? ¿Tienes alguna afición o la has olvidado? Lo mismo puede decirse de tus objetivos. ¿Qué te motiva y qué quieres conseguir en la próxima semana, mes, seis meses o año? Una vez que hayas respondido a estas preguntas, puedes seguir unos sencillos pasos para encontrar tu verdadero poder.

Disfruta del silencio. ¿Te has dado cuenta de que constantemente hay algún tipo de sonido o distracción en nuestras vidas? El teléfono móvil te tienta, la televisión está encendida o siempre hay alguien hablando contigo.

Es agotador. Aprende a alejarte de estas distracciones y a apreciar el efecto calmante del silencio.

Sigue una rutina. Una rutina es una forma excelente de establecer un control sobre tu vida. También te permite estructurar tu día para que seas eficiente y puedas ahorrar tiempo. Toda rutina debe permitir cierta flexibilidad, pero organizar tus tareas diarias en una rutina te permite centrarte en los aspectos más difíciles de cada día.

Pasa más tiempo con aquellos que te hacen sentir positivo. Más adelante hablaremos de esto porque, en primer lugar, tienes que crear más tiempo libre diciendo no a los que te crean negatividad. Sin embargo, rodearte de energía positiva te da fuerza.

Cuida tu cuerpo. No hace falta que sigas una dieta súper estricta ni que vayas al gimnasio todos los días. El ejercicio regular, como caminar, nadar o incluso actividades como el yoga, es perfecto para el cuerpo y la mente. Hacer más ejercicio te ayudará a dormir mejor y, si lo combinas con una dieta equilibrada, tu energía aumentará.

Crea un hogar feliz. De nuevo, en lo que respecta a tus relaciones, lo veremos más adelante, pero hay otras formas de crear un hogar feliz. Siempre ayuda que tu casa esté ordenada y, por supuesto, cómoda. Cuando llegas a casa al final del día, necesitas un refugio seguro donde puedas relajarte.

Medita. La meditación es una herramienta muy valiosa para conectar con tu poder interior. No a todo el mundo le resulta fácil meditar, al menos al principio. Te ayuda a concentrarte, a calmar la mente y a reducir el estrés y la ansiedad. Verás que este vídeo de meditación guiada para la fuerza y el poder interior te ayudará.

Todos estos pasos te guiarán hacia el descubrimiento de ti mismo y de tu verdadero poder. Sólo una vez que aprecies el poder que tienes en tu interior podrás aplicar el resto de los consejos de este libro. Entonces, ¿cómo pasamos de encontrar nuestro poder a experimentar la libertad?

Convertir tu poder en libertad

Sin culpar a la sociedad, he descubierto que vivimos en un mundo donde no es aceptable expresar nuestras verdades.

. . .

La gente nos pregunta cómo estamos y nosotros respondemos con palabras como "bien", "bien" y "bien", aunque la realidad es que no lo estamos. Por alguna razón, si hablamos de nuestros problemas, se nos considera un pesado negativo. Si hablamos de nuestros éxitos, simplemente estamos presumiendo.

Incluso cuando encontramos nuestro poder, sigue habiendo un peso que nos agobia. Tenemos que darnos cuenta de que la única manera de deshacernos de este peso y permitir que el poder haga su magia es decir la verdad.

No hay necesidad de seguir sufriendo en silencio. Los traumas que sufrimos son demasiado para luchar solos y, al compartir estas experiencias, no sólo te ayudas a ti mismo, sino también a los demás. Imagina que has vivido con una pareja abusiva. Un amigo ha perdido recientemente su trabajo y, por tanto, su casa, pero tú te encuentras y dices que todo está bien.

Por otro lado, imagina que cuentas tu historia y te abres al dolor que has vivido. Lo más probable es que otras personas también se sientan más seguras a la hora de contar sus historias y liberar su propia carga. Lo hemos visto a escala mundial con movimientos como Black Lives Matter o Me Too.

. . .

Al decir la verdad sobre nuestras situaciones, entendemos que no estamos solos y que hay una fuerte comunidad de personas que están pasando por experiencias similares y esto es empoderador para todos los involucrados.

Confiar en una sola persona te permitirá crear una relación mucho más profunda con esa persona, una amistad genuina construida sobre la honestidad en lugar de lo que creemos que debemos decir. Además, decir la verdad abre la puerta a nuevas perspectivas en las que no habías pensado. Tu amigo podría tener palabras de sabiduría respecto a tu relación abusiva y también podrá destacar tus cualidades positivas y, lo que es más importante, recordarte tu autoestima.

No siempre es fácil abrirse hasta ese punto por miedo a que se rían de ti, a que te digan que lo superes o a que menosprecien tus experiencias. No todo el mundo siente que tiene una persona en su vida con la que pueda hablar. En este caso, la terapia puede ser una gran solución. Aun así, sé que la idea de hablar con un completo desconocido puede ser más aterradora que hablar con un amigo.

Si realmente no estás preparado para compartir tus verdades con el mundo todavía, al menos intenta llevar un diario. Será un buen comienzo para abrirte y disminuir la carga mientras sigues encontrando tu fuerza interior.

Recuerda que hay una diferencia entre compartir nuestras dificultades y traumas y simplemente quejarse todo el tiempo. Ya sea tu diario o tu amigo, decir la verdad es liberarte de lo que te impide hacerte más fuerte.

Quejarse del tiempo, del tráfico y de tu pareja en cada oportunidad no es productivo.

Tu amigo podría darse la vuelta y empezar a quejarse de sus quejas diarias y ambos os iríais sintiéndonos agotados.

Para que ambos os vayáis sintiéndonos más ligeros, aliviados y más conectados, es importante centrarse en los problemas más significativos y profundos por los que estáis pasando o habéis pasado.

Reconocer cómo tus elecciones y creencias limitan lo que eres

Las elecciones que hemos hecho en el pasado nos han llevado a donde estamos hoy y eso está bien porque ya lo hemos aceptado. Sin embargo, las elecciones que hagas de aquí en adelante van a impactar en todos los aspectos de tu vida. Cada elección que hacemos proviene de nuestros pensamientos. Como hemos visto, nuestros puntos de vista sobre la realidad van a impactar en nuestras decisiones, pero no podemos olvidarnos de los pensamientos y creencias que creamos con respecto a nosotros mismos. Veamos dos ejemplos:

#1. La vida es dura: estás estresado, cansado y, en general, no te diviertes. Hay muchas peleas y discusiones en tus relaciones y sabes que unas vacaciones van a romper el ciclo y te van a dar la oportunidad de presionar el reset. Después de una semana de descanso, notas que la vida es definitivamente mejor, pero sólo hace falta una semana, quizá dos, para que las cosas vuelvan a ser como antes.

#2. Te has separado de tu pareja hace un tiempo y acabas de empezar a socializar de nuevo. En una fiesta, diez personas te felicitan y una dice algo que te ofende. En lugar de dejar que tu confianza brille por una vez, te obsesionas con el único comentario negativo.

Ambas situaciones se refieren al mismo problema: tus pensamientos. Y aunque te esfuerzas por cambiar tu situación, estás atrapado en cambiar tu entorno o las circunstancias en lugar de llegar al fondo de la cuestión, que son tus pensamientos sobre la vida. Puedes cambiar tu entorno yéndote de vacaciones, pero sólo cambia tus pensamientos temporalmente. Has hecho bien en dejar a una pareja tóxica, pero hasta que no te veas a ti mismo bajo una nueva luz, tu mente seguirá estando en esa relación.

Tus pensamientos son la raíz de todo. Cuando piensas mal de ti mismo, tu autoestima disminuye, hablas en voz baja y miras al suelo. No tienes la confianza necesaria para tomar las decisiones correctas y, por tanto, tus elecciones no siempre son las adecuadas.

Por otro lado, cuando eres capaz de pensar en ti mismo de forma positiva, tu lenguaje corporal lo refleja. Es más fácil ver más allá del gris, lo que significa que se iluminan caminos alternativos. Estas alternativas te permiten ver los problemas desde diferentes ángulos y tomar una mejor decisión.

El truco está en alejar nuestro foco de atención de lo que percibimos como problema y reconocer que la verdadera cuestión es cómo pensamos en el problema. Te sientes feo. El problema no es que seas feo, el problema es que piensas que eres feo.

Cuando podemos cambiar nuestros pensamientos sobre una situación, la solución se hace más fácil. La solución, en este caso, no es que tengas que perder peso, cambiar de peinado y comprarte ropa nueva. La solución es cambiar la forma de pensar sobre uno mismo.

. . .

Cómo superar tus creencias limitantes y tomar el control de tu poder

Tenemos que tomar todas nuestras creencias limitantes y, en primer lugar, apreciar que lo único que están haciendo es frenarnos. No son un método de autoprotección. A menudo escucho cosas como: "Sí, pero si no empiezo una nueva relación entonces no me volverán a hacer daño". Parece que estás tratando de protegerte, pero en realidad estás limitando tus posibilidades de encontrar una pareja amorosa.

Tu tarea para el capítulo 3 es tomarte un tiempo para entender por qué toleras ciertos comportamientos, cómo dejar de soportarlos y, finalmente, cómo superar tus creencias limitantes.

Vamos a hacerlo con los siguientes pasos:

1. ¿Por qué toleras ciertos comportamientos?

Cuando te esfuerzas por hacer cosas para ayudar a los demás y no te lo agradecen, ¿por qué no se lo reclamas? O si tu familia insiste en que hagas cosas que no quieres, ¿por qué es más fácil enfadarse y alejarse en lugar de establecer un límite firme?

. . .

La razón por la que toleramos este tipo de acciones suele ser que hemos estado sometidos a control, crítica, sobrevaloración, negligencia o una combinación durante nuestra infancia. Cuando éramos niños, desarrollamos métodos de afrontamiento para estos tratos, como el retraimiento, la pasividad y el sometimiento, o el enfado. Llevamos estos métodos de afrontamiento con nosotros a la edad adulta.

Si has vivido con un padre que insistía en que hicieras todo a su manera, es posible que de niño hayas intentado luchar contra él y te hayas dado cuenta de que tus esfuerzos eran infructuosos. Cuando te encuentras en una relación adulta controladora, continúas con el mismo comportamiento que aprendiste de niño. Así que pregúntate, ¿cuáles son los comportamientos que toleras y de dónde viene esto?

2. Determina el origen de tus creencias limitantes.

Al igual que tolerar un comportamiento que no te gusta, tus creencias limitantes también tendrán su origen. Tal vez un profesor te dijo que "no llegarías a ningún sitio en la vida con esa actitud", o incluso algo aparentemente inocente como "tienes que buscarte un marido/esposa". Esto puede incitarnos a sentir que sólo alcanzaremos todo nuestro potencial cuando estemos casados.

3. Reajuste sus creencias.

Lo que te dijeron en el pasado no tiene ningún reflejo en tu vida actual. Recuerda que cuando escuchas lo que te dicen las personas tóxicas, estás entregando tu poder. Tu actitud puede ser la clave de lo que te hará avanzar. No necesitas casarte para estar completo. Es todo lo contrario, necesitas estar completo antes de empezar cualquier nueva relación.

4. Busca modelos de conducta que encajen con tus creencias positivas.

Siguiendo con el ejemplo de casarse para estar completo, para reforzar que tu nueva creencia es la correcta, busca personas que puedan respaldar tus nuevos pensamientos. Busca ejemplos de personas independientes que vivan su vida como quieran pero que tengan una relación sana. Si crees que eres fea, pasa tiempo con quienes te hacen cumplidos y acéptalos.

5. Juega con el peor de los escenarios.

Representar el peor escenario no es lo mismo que vivirlo. El hecho de que te lo hayas imaginado no lo convierte en el destino. Lo que sí hace es prepararte para cualquier posibilidad. Si te estás planteando un cambio de carrera, lo peor que puede pasar es que lo odies por completo. De acuerdo, si eso ocurre, tienes que estar preparado para buscar otro trabajo.

Por otro lado, para que no te centres demasiado en lo negativo, también podría significar conocer gente nueva, establecer contactos, aprender, ascender en la escala profesional, etc. Cuando veas el peor escenario posible, verás que al final del día, ¡sobrevivirás!

6. Pon a prueba tus nuevas creencias.

Sal con tus amigos y comprueba cuánta gente te llama fea. Confía en tu soltería en lugar de sentir constantemente que te falta algo. 7. Acepta el nuevo trabajo. ¿Sucedió el peor de los casos? En el improbable caso de que así fuera, sigues en pie. Si el resultado es positivo, sabrás que tu nueva creencia es sólida. Demostrar que nuestras viejas creencias son erróneas nos permite liberarnos de nuestros pensamientos anticuados sobre nosotros mismos, lo que nos lleva a crecer.

7. Vuelve a los comportamientos que toleras y haz pequeños cambios.

Ahora que has restablecido tus creencias sobre ti mismo, habrás encontrado una nueva sensación de confianza.

Empezarás a sentir que eres digno de respeto y aprecio. Si te esfuerzas en preparar una buena cena para que tu pareja se sienta querida y especial, pero no recibes un beso ni siquiera un agradecimiento, dile que sus acciones te han herido o deja de hacer las cenas. Si te enfadas, aprende a calmarte. Si prefieres quedarte en silencio en lugar de agitar el barco, aprende a comunicarte de la manera correcta. Más adelante hablaremos de todo esto.

Estaba completamente atrapado por el peso de la toxicidad de mis padres. Nada de lo que pudiera hacer los haría felices, orgullosos o, de hecho, provocaría algún tipo de reacción. Pasé años intentando todo para que se fijaran en mí.

Me decía una y otra vez que yo era el problema y que no podía hacer las cosas bien para ellos.

Cuando por fin comprendí que el problema no era yo, sino que intentaba cambiarme a mí misma para hacerles felices, me di cuenta de que tenía que cambiarme a mí misma para hacerme feliz. Fue entonces cuando me liberé no sólo de una relación tóxica sino, poco después, de todas las relaciones negativas en las que me encontraba.

· · ·

Es difícil mirarse a sí mismo de una manera tan honesta y es difícil permitirse poner sus creencias y pensamientos por delante de los que le rodean, incluso más difícil tener fe en ellos. Pero puedes hacerlo. Antes de seguir adelante, disfruta de este tiempo de autodescubrimiento, porque ante todo se trata de ti.

4

Entendiendo al sociópata

Antes de examinar más de cerca las causas y los comportamientos sociopáticos, quiero aclarar la confusión común entre un sociópata y un psicópata. La televisión y las películas utilizan estos términos de forma intercambiable y, hasta cierto punto, son similares desde el punto de vista clínico.

Tanto los sociópatas como los psicópatas padecen un trastorno antisocial de la personalidad (ASPD). También oímos estas palabras para describir comportamientos extremos como los asesinatos en serie y los asesinatos en masa. Si bien esto es posible, es tan probable que muchos de ellos sean un lobo con piel de cordero, apareciendo como cualquier otro ser humano.

· · ·

¿Cuál es la diferencia entre un sociópata y un psicópata?

Un sociópata es alguien que muestra claramente que no le importan los sentimientos de los demás. Es extremadamente difícil para ellos formar vínculos emocionales y esto significa que el trabajo y la vida en el hogar pueden ser difíciles de mantener. Los sociópatas son impulsivos en su comportamiento negativo, especialmente cuando se trata de su temperamento. Dicho esto, son capaces de reconocer su mal comportamiento, pero siempre tendrán alguna justificación para ello.

Los psicópatas, por otro lado, son capaces de fingir para demostrar que se preocupan, la palabra clave es fingir. Los psicópatas no pueden crear vínculos emocionales reales, por lo que las relaciones no serán significativas ni genuinas. Es posible que los psicópatas amen, pero será a su manera. Es particularmente difícil para la otra persona en la relación porque los psicópatas pueden tener un corazón frío y no reconocerán las luchas y el dolor de los demás. Es común ver a los psicópatas utilizando una vida "normal" para encubrir actividades ilegales.

También cabe mencionar que tanto los comportamientos sociopáticos como los psicopáticos tienen un espectro. Es posible que los psicópatas sientan dolor emocional y quieran ser amados, pero es su propio comportamiento el que lo hace difícil (Martens, 2020). La violencia también es posible para ambos, pero es tan probable que sean violentos consigo mismos como con los demás.

La razón por la que incluimos la comprensión de ambos es que, si usted nota cualquiera de las tendencias, la comprensión de las diferencias le permitirá elegir las mejores maneras de tratar con estas personas tóxicas. Tenga siempre en cuenta que muchas personas no han sido diagnosticadas y, por tanto, no son conscientes de su propio trastorno.

Qué hay detrás de un sociópata

Lo crucial aquí es el diagnóstico. No podemos ir por ahí diciendo que todos los que tienen arrebatos de ira son sociópatas. El narcisismo es un trastorno de la personalidad que lleva el egoísmo y la obsesión por uno mismo al extremo, pero eso no significa que sean un sociópata. Puedes tener sospechas sobre una personalidad sociopática, pero sólo los profesionales pueden diagnosticarla correctamente.

Una definición de diccionario de un sociópata es alguien "que es completamente incapaz o no está dispuesto a comportarse de una manera que sea aceptable para la sociedad" (Cambridge Dictionary, 2021). Esto es bastante general, ya que lo que es aceptable para la sociedad cambia rápidamente. Más concretamente, los sociópatas carecen de empatía y no tienen en cuenta los derechos o sentimientos de los demás.

La manipulación es su técnica habitual, pero lo que más puede doler es que no mostrarán culpa por el dolor que causan. Si te golpeas la cabeza contra una barrera, no habrá empatía, por lo que no podrán reconocer el dolor que sientes. Si un sociópata te empuja la cabeza contra una barrera, no se sentirá culpable por ello.

Ahora, si observas todas tus relaciones, puede parecer que muchas personas en tu vida son ahora sociópatas. Yo llamo a esto "Síndrome del Doctor Google". Tenemos la sensación de conocer el diagnóstico por uno o dos síntomas. Cuando investigamos, de repente todos los síntomas de Internet se relacionan con nuestra situación.

Recuerda que todos somos capaces de desprendernos de situaciones dolorosas, lo que puede llevarnos a parecer sociópatas. Pasar por un divorcio puede dejarte devastado, o puedes parecer que te desempolvas y continúas con la vida.

· · ·

Oír hablar de un tiroteo en una escuela hará que la mayoría se sienta mal por las familias implicadas. Alguien que esté en contra de las armas puede hacer un comentario sobre las leyes de armas irresponsables, lo que parece insensible y poco empático. Es una cosa más que se remonta a nuestros pensamientos y puntos de vista personales sobre la realidad.

Aun así, si notas algunas de estas características y comportamientos típicos en tus relaciones, lo mejor es tomar las medidas más seguras y efectivas para que puedas empezar a vivir tu vida libremente.

Así pues, estas son algunas de las banderas rojas que podrían señalar a un sociópata en tu vida:
- Una completa falta de empatía
- Comportamiento impulsivo
- Uso de amenazas o comportamiento agresivo para controlar a la gente
- Utilizar el encanto o la inteligencia para manipular a las personas
- Decir mentiras con el fin de obtener un beneficio personal
- No aprender de sus errores pasados
- Luchar por formar relaciones significativas
- La violencia, el robo y otros delitos
- Una falta de responsabilidad cuando se trata de su trabajo o responsabilidades

- Recurrir a las drogas o al alcohol

También hay que recordar que los sociópatas son muy buenos para enmascarar su trastorno en el mundo real. Un colega que manipula a los demás puede parecer que tiene una gran carrera. Los que tienen un trabajo exigente pueden usar esto como excusa para su falta de relaciones significativas. A los sociópatas no les importa el daño que causan sus acciones o son incapaces de reconocerlo.

Por esta razón, la sociopatía a menudo no se diagnostica y no se trata.

¿Cómo llega a ser un sociópata?

El clásico debate entre todos los psicólogos es "naturaleza versus crianza". Cuando nos fijamos en la naturaleza de los sociópatas, nos referimos a los factores genéticos y biológicos. La crianza, sin embargo, es la influencia ambiental que conduce a ciertos trastornos tanto psicológicos como de comportamiento.

El debate sobre la crianza se remonta a 1690, cuando el filósofo y médico John Locke creía que casi todos los rasgos del comportamiento humano se desarrollan a partir de influencias ambientales. Acuñó el término "tabula rasa" o "pizarra en blanco" en la psicología del desarrollo humano.

Esta teoría se basa en la idea de que todos los bebés nacen con una pizarra en blanco y sin contenido mental incorporado.

A principios del siglo XX, John B. Watson tomó las teorías de Freud y desarrolló los orígenes de la psicología conductual. Llegó a ser conocido como el padre del conductismo purista.

Watson creía que los psicólogos debían centrarse en el comportamiento observado y no en el de la mente interior.

La cita más famosa de Watson destaca su idea de que la influencia cultural dominaba cualquier contribución de la herencia.

La importancia de estos trabajos es que todos favorecen la crianza sobre la naturaleza. Esto implica que la sociopatía, al igual que otros trastornos antisociales de la personalidad, es el resultado de cómo se educa a los niños. El maltrato y el abuso son ejemplos claros. Los niños que sufren malos tratos de sus padres son más propensos a crecer siendo agresivos, poco empáticos o con dificultades para establecer relaciones significativas.

Al analizar la crianza, también podemos incluir el trauma como causa de la sociopatía. Debido a que los trastornos antisociales de la personalidad no se diagnostican, los estudios son difíciles. Por ello, la mayoría de las investigaciones se han llevado a cabo con personas que han cometido delitos o actos de violencia. Tras un exhaustivo mapeo del cerebro, los científicos han podido demostrar una relación entre los traumas cerebrales y la actividad delictiva. Esto se conoce como sociopatía adquirida.

El primer caso fue el de Charles Whitman, un antiguo francotirador de la marina que mató a 16 personas en un día en 1966. Su autopsia reveló un tumor cerebral. Sin ser parciales, algunos argumentan que la historia de Whitman como francotirador de la marina podría haber sido un factor de estrés psicosocial y la causa de su violencia, más que el tumor cerebral.

El primer estudio publicado procede de la Universidad de Glasgow. El informe incluyó a 239 asesinos elegibles y encontró que el 21,34% de ellos había tenido o se sospechaba que tenía una lesión en la cabeza (Alley, 2013). Un asesino en serie infame en el informe de la Dra. Clare Allely fue Fred West que, junto con su esposa, mató al menos a 12 personas. West había tenido un accidente de moto a los 17 años, que le dejó inconsciente durante dos días. Dos años más tarde, fue empujado por las escaleras por una mujer de la que intentaba abusar, lo que le causó una nueva lesión en la cabeza.

Esto no quiere decir que todas las personas que muestren tendencias sociopáticas vayan a convertirse en asesinos en serie. Pero se trata de otro factor de crianza, ya sea por abusos en la infancia o por traumas físicos, que puede conducir a comportamientos sociopáticos en la vida adulta.

Naturalmente, siempre hay dos lados en cada argumento.

Algunos creen que la naturaleza es la causa de los trastornos de la personalidad antisocial. Debido a la estructura del cerebro, algunas personas simplemente nacen así. Al utilizar los electroencefalogramas y las resonancias magnéticas, los científicos pueden ver el papel de la enzima MAOA, que regula las emociones en la amígdala y el hipocampo. Provoca bajos niveles de control de los impulsos en las personas con trastornos antisociales de la personalidad (Journal of Forensic Research, 2014).

. . .

Además de un desequilibrio en sustancias químicas como la dopamina y la serotonina, los sociópatas pueden tener una circunvolución temporal superior anormal, el término científico para la zona del cerebro que es responsable de la percepción de las emociones, la comprensión del lenguaje y la cognición social. Así, los que están a favor del debate sobre la naturaleza dirán que un sociópata tiene un daño estructural en el cerebro que ha estado presente desde el nacimiento.

Curiosamente, aunque muchos utilizan el término sociópata y psicópata indistintamente, los expertos de hoy en día creen que la diferencia entre ambos radica en la forma en que empiezan a presentar los síntomas. Ambos son personalidades antisociales, pero ahora se cree que el comportamiento de un sociópata se crea (crianza) y un psicópata nace con sus comportamientos (naturaleza).

Nada de esto debe asustarte. Hemos analizado las causas del comportamiento sociopático en un intento de comprender mejor a las personas tóxicas de nuestra vida, como hicimos en el primer capítulo. Aprender las causas del comportamiento de las personas nos permite ver las cosas desde su punto de vista. Sin embargo, como también he dicho y debo reiterar, comprender no es lo mismo que excusar o tolerar.

. . .

¿Cómo puedes detectar a un sociópata antes de que empiece a ganar poder sobre ti?

Después de leer la sección anterior, es posible que sientas que las personas tóxicas en tu vida no son sociópatas o psicópatas porque no andan por ahí cometiendo crímenes y planeando asesinatos en masa. Estos son los ejemplos extremos y, como se mencionó, las personas con trastornos antisociales de la personalidad (ASPD) son excelentes para ocultar los comportamientos que no quieren que usted vea.

Debido a esta capacidad de enmascarar comportamientos, es más probable que conozca a alguien con ASPD. La prevalencia de la psicopatía varía de un estudio a otro. En general, el 1% de la población tiene rasgos psicopáticos, por lo que sólo es necesario conocer a 100 personas. Según el Manual Diagnóstico y Estadístico de los Trastornos Mentales, 2013, la prevalencia de la sociopatía es del 4% de la población, es decir, una de cada 26 personas que conoces mostraría rasgos sociopáticos.

Como ya hemos mencionado las banderas rojas que te ayudarán a detectar a un sociópata, ahora veremos ejemplos específicos de cómo las personas con ASPD pueden hacer cosas.

#1. Aumentar el encanto

Hay personas en el mundo que son naturalmente muy encantadoras y es normal que nos sintamos atraídos por estas personalidades. Pero su encanto es consistente, lo que significa que no cambian el nivel de encanto dependiendo de su audiencia. Las personas con ASPD son capaces de adaptar su encanto, por lo que, sí están interactuando con un introvertido, el encanto se reduce. Por el contrario, si están hablando con un extrovertido, subirán el nivel de encanto.

#2. Cambia tu opinión sobre los demás

Si conoces a una persona nueva y al principio te gusta, pero luego notas características que van en contra de lo que eres, es tu decisión de que no te guste. Si te gusta alguien, pero una persona con ASPD empieza a cotillear o a llenarte la cabeza con ideas venenosas sobre la otra persona para que cambies de opinión, entonces estás presenciando el comportamiento temprano de ASPD.

#3. Ser desleal

Tan rápido como te convencen de que no te gusta alguien, podrían ser el mejor amigo de esta otra persona al día siguiente. La falta de empatía y de conexiones con los demás hace que sea muy fácil para ellos cambiar de bando en una discusión, especialmente si es para su propio beneficio.

#4. *Jugar al juego de la culpa*

Tanto los sociópatas como los psicópatas son capaces de hacerte sentir como si tuvieras la culpa de todo. Puedes intentar tener una conversación tranquila sobre una preocupación y de repente eres el dramático, no pueden hacer nada bien y te quejas constantemente. Independientemente de cómo manejes la situación, te harán sentir como si fueran la víctima. También utilizarán esto como excusa para explicar por qué no se llevan bien con los demás porque la otra persona tiene la culpa.

#5. *Actúan como si estuvieran por encima de las normas*

A pesar de ser muy inteligentes y entender las reglas de todo, desde un juego hasta las interacciones sociales, estas reglas no se aplican a ellos. Tienen la creencia genuina de que las mismas reglas por las que tú vives no se aplican a ellos. Este es ciertamente el caso cuando se trata de ganancias financieras.

#6. *Ser tu confidente más fiel*

. . .

Para poder manipular tus emociones y conseguir lo que quieren, primero tienen que conseguir que te abras a ellos.

Una vez que se hayan ganado tu confianza y empieces a compartir tus sentimientos, tendrán entonces munición para usar en tu contra. Recuerda que el TEA consiste en gran medida en no mostrar interés por las emociones de los demás, así que cuestiona por qué esta persona está tan interesada en ayudarte.

#7. *Tejer una confusa red de mentiras*

Las personas con TEA cambiarán sus historias en función de su público y de sus propios objetivos. Con el tiempo, tantos cambios de historia se convierten en una compleja red de mentiras que ni siquiera ellos pueden seguir. Si detectas una mentira y se la presentas, le darán la vuelta a la tortilla. Puede que sientas que tú eres el paranoico y ellos tendrán la habilidad de hacerte dudar de ti mismo.

#8. *Tienen una personalidad fría y caliente*

Por un lado, serán muy buenos para controlar su personalidad. Por otro lado, la falta de control de los impulsos y los arrebatos de ira pueden hacer que las personas con ASPD parezcan más bien Jekyll y Hyde.

. . .

#9. No mostrar remordimientos

Todos cometemos errores en algún momento, algunos más grandes que otros. La mayoría de las personas son capaces de analizar lo que han hecho, apreciar que han cometido una falta y sentir remordimientos. El siguiente paso natural es pedir disculpas. La ASPD hace que no se den cuenta de su mala acción, o simplemente no les importa y por lo tanto no sienten remordimientos.

#10. Te arrastran de un lado a otro

Las primeras citas son cruciales para sentar las bases de una posible relación. Algunas señales son demasiado buenas para ser verdad. Es obvio que el encanto te va a atraer a una persona, pero luego ten cuidado con las atenciones inapropiadas, como el contacto visual intenso, la lluvia de regalos y cualquier forma de atención física o verbal con la que no te sientas cómodo. Es tres veces más probable que conozcas a un hombre con ASPD (National Library of Medicine, 2013), pero eso no quiere decir que las mujeres no sean igual de capaces de hacerte sentir que sois almas gemelas al instante.

Autoprotección y cómo lidiar con un sociópata

Ante todo, si tienes un sociópata o psicópata en tu vida que tiene tendencia a volverse violento o temes por tu seguridad de alguna manera, ¡busca ayuda!

. . .

No te digas a ti mismo que es algo puntual o que no lo han hecho a propósito. Sé lo increíblemente duro que es llamar a las autoridades por alguien a quien quieres, pero míralo desde otro punto de vista. ¿Qué pasa si no los denuncias y luego se desquitan con otra persona?

Te vas a sentir responsable. ¿Y si no es la primera vez y la siguiente acaban llevándote al hospital, o algo peor? Si no te sientes capaz de contactar con la policía, acude a un amigo o familiar que pueda ayudarte.

También debes tener un plan para cuando una persona se vuelva violenta. Un buen plan es tener preparada una bolsa con tus documentos esenciales, un teléfono extra y una copia de la llave de tu coche. También puedes crear una cuenta bancaria aparte: aunque sólo tenga un par de cientos de dólares, sabrás que tienes lo suficiente para huir inmediatamente.

Si no conoces a nadie con quien puedas quedarte, no hay que avergonzarse de contactar con un centro de acogida para víctimas de abusos. Tu plan tendrá que ser más estructurado y detallado si hay niños de por medio. Siempre que sea posible, vete cuando la otra persona no esté en casa.

. . .

Por supuesto, no todas las situaciones van a conducir a la violencia.

He aquí algunas técnicas que te ayudarán a lidiar con los sociópatas y a protegerte de ellos:

1. No intentes arreglarlos

Un sociópata puede ni siquiera ser consciente de su propio comportamiento y rara vez está dispuesto a recibir la ayuda necesaria. Desgraciadamente, sólo los psicoterapeutas cualificados son capaces de proporcionar un tratamiento específico, por lo que no puedes arreglarlos. Intentarlo sólo puede empeorar la situación.

2. Evite revelar información personal

Debido a su necesidad de manipular, siempre es mejor no compartir demasiado con un sociópata. Por ejemplo, no deberías hablar de tu salario con una pareja con ASPD porque pueden intentar utilizarlo en tu contra a la hora de pagar las cosas. También debes evitar hablar de tus otras relaciones y de los detalles de tu trabajo.

3. Confíe en sus instintos

Si tu confianza se ha visto afectada, es perfectamente normal que cuestiones tus instintos. Intenta no centrarte en el pasado y escucha lo que tu instinto te dice ahora. La mayoría de las veces, podemos percibir una mentira o una manipulación. Confía en ello e intenta dar un paso atrás en lugar de reaccionar y dejarte envolver por su realidad. Nunca tomes sus palabras como verdaderas si sientes lo contrario, cuestiona todo.

4. Establece tus límites y di que no

Tus límites son cruciales para tu seguridad y bienestar mental y físico. Tus límites expresan con qué te sientes cómodo y con qué no.

Por ejemplo, puede ser que te sientas feliz yendo a vivir con alguien, pero que no quieras combinar vuestras finanzas.

Aunque alguien insista, debes mantenerte firme en tu no. Esto te ayudará a protegerte de la manipulación.

5. Encuentra el toma y daca

Aunque habrá algunos límites duros que no se deben cruzar, hay otras situaciones en las que podrías encontrar una solución que no cruce tu límite pero que también impida que el sociópata se enfade o se ponga violento.

Como en el ejemplo anterior, podríais acordar una cuenta conjunta, pero seguir manteniendo vuestras cuentas separadas.

. . .

6. Aléjate cuando sea necesario

En algunos casos, hace falta todo nuestro esfuerzo para no enfadarnos o disgustarnos.

Como sólo eres responsable de tus propias palabras y acciones, a veces lo mejor que puedes hacer es poner un poco de espacio entre tú y la otra persona. Las personas con TEA quieren ver una reacción, por lo que seguirán presionando. Aléjate, tómate un tiempo para procesar cómo te sientes, cálmate y cuando estés preparado, puedes volver a la situación.

7. Dedica tiempo a otras relaciones

Aprovecha al máximo las relaciones positivas de tu vida.

Pueden ser amigos, familiares, compañeros de trabajo, incluso alguien a quien simplemente saludas en el supermercado. Podrás encontrar fuerza en tus otras relaciones que te ayudarán a la hora de enfrentarte a los sociópatas.

8. Es lo que hacen, no lo que dicen

Piensa en la cita de Randall Terry "Fool me once, shame on you. Engáñame dos veces, avergüénzate de mí".

Todos hemos oído las palabras: "Voy a cambiar/he cambiado/soy una persona diferente ahora". Esto puede ser cierto, pero las palabras son fáciles de decir, especialmente para un sociópata. Sólo sabrás si lo dicen en serio cuando empieces a ver un cambio en sus acciones.

9. Habla con un profesional

El hecho de que no seas tú quien padece el TEA no significa que no estés bajo una inmensa presión. Algunas personas se sienten más cómodas hablando con un extraño que con un amigo y un consejero profesional podrá ayudarte a entender lo que estás experimentando y ofrecerte orientación.

10. Saber cuándo es mejor terminar la relación

Terminar una relación o cortar los lazos con un miembro de la familia nunca va a ser fácil. Es una decisión personal que sólo tú puedes tomar. No puedes sentirte culpable por esta decisión y debes tener mucho cuidado de no dejar que utilicen sus técnicas de manipulación para que te quedes. Lo mejor es cortar toda comunicación con un sociópata cuando terminas una relación. Esto significa bloquear las llamadas y los mensajes y borrar los perfiles de las redes sociales. Cortar todo contacto reduce la posibilidad de que puedan hacerte cambiar de opinión.

. . .

Consejos y trucos para recuperar el control y empezar a sanar

Has hecho bien en decidirte a romper con la persona sociópata de tu vida y has dado ese primer paso tan importante. Como en cualquier "ruptura", es difícil mantenerse fuerte y no empezar a pensar en lo que te puedes perder, si la persona ha cambiado o si simplemente has cometido un gran error.

Tus instintos te han dicho que ésta era la decisión correcta y sabemos que los sociópatas rara vez van a cambiar. Es mucho más eficaz empezar a mirar hacia un futuro más brillante que hacia un pasado oscuro.

Aquí tienes algunos consejos y trucos para ayudarte a superar este tipo de relación tóxica:

- ¡No te pongas en contacto con ellos! ¡Insistiremos en esto! A menudo tenemos la tentación de enviar un recordatorio sobre los filtros de aire acondicionado o un mensaje de feliz cumpleaños. Hacerlo le da poder a la otra persona, verá una pequeña grieta y volverá a abrirse camino.

. . .

- No los busques en Internet, ni pases por su casa, ni preguntes por ellos a amigos comunes. La mayoría de las veces, sólo queremos saber que les va bien porque eso es lo bonito. Sin embargo, sólo te estás torturando a ti mismo. Es posible que empieces a recordar los buenos momentos y olvides o quites importancia a la gran razón por la que te fuiste en primer lugar.

- Apóyate en los amigos en los momentos difíciles. A nadie le gusta que le recuerden los momentos horribles de una relación, pero si te resulta especialmente difícil mantenerte fuerte, recurre a tus amigos para que te ayuden en esos momentos. Un buen amigo no te dirá lo que ya sabes, pero podrá recordarte por qué terminaste la relación en primer lugar.

- Conoce tus desencadenantes. Un desencadenante es cualquier cosa que pueda llevarte a los mismos patrones o comportamientos que antes. Personalmente, mis desencadenantes son los cumpleaños, las vacaciones y los aniversarios. Como sé que son momentos difíciles, puedo prepararme con antelación para poder decir mejor que no a la vuelta.

- Cuídate más. El autocuidado y la paciencia son dos de las claves para recuperar tu poder. Saber que la recuperación lleva tiempo evitará que te regañes a ti mismo cuando las cosas no vuelvan a la normalidad tan rápido como esperabas. Y, en este tiempo, puedes hacer ejercicio, centrarte en tu dieta, explorar nuevas aficiones, hacer nuevos amigos y relajarte.

Imagina que este momento es tu tabula rasa, tu pizarra en blanco. La parte más difícil ya ha pasado y, paso a paso, con las estrategias de este capítulo, estarás en el buen camino hacia el auto empoderamiento. Crecerás en fuerza y confianza y, lo más importante, serás consciente de los sociópatas y no volverás a cometer los mismos errores. ¡Esto es refrescante en sí mismo!

Hay un área de la sociopatía que no he discutido y es el comportamiento narcisista. Esto es intencional ya que quería enfocarme más en el comportamiento narcisista en el próximo capítulo.

5

Entendiendo al narcisista

UNO DE LOS mayores rasgos de un sociópata es el narcisismo. También puede ser una de las cosas más impactantes y dolorosas con las que tenemos que lidiar cuando se trata de personas tóxicas. Con los trastornos antisociales de la personalidad, el camino emocional tiene muchos altibajos.

Cuando se convive con un narcisista, hay que lidiar con la sensación constante de que nunca seremos tan buenos o iguales a esa persona. Una cosa es que necesitemos trabajar en nuestra autoestima y otra es tratar de entender por qué esa persona te hace sentir peor.

La mejor solución es reconocer las características de un narcisista y alejarse de él antes de establecer cualquier tipo de relación significativa.

. . .

Si tienes un narcisista en tu vida, debes aprender a manejar las situaciones antes de que surjan y te causen más sufrimiento.

¿Qué es un narcisista?

Hablando con un amigo recientemente, me di cuenta de que la palabra narcisista suele ser muy malinterpretada.

Hablaba del dolor de su ruptura y del distanciamiento de sus hijos al que se enfrentaba ahora. Su ex le había llamado narcisista.

Me quedé desconcertado porque todo lo que veía era un hombre roto que intentaba hacer lo mejor para sus hijos e incluso para su ex, todo lo contrario, a un narcisista. Esto me llevó a un artículo de Los Angeles Times de 2011 que invita a la reflexión. Hoy en día, sobreutilizamos y abusamos completamente del término narcisista. Es como el insulto que la gente utiliza, quizás porque les hace sentir más poderosos.

. . .

A lo largo de los años 90, empezamos a ver más énfasis en hacerte feliz, ponerte a ti mismo en primer lugar y seguir tus objetivos. Y esto es realmente algo bueno.

Pero el inconveniente es que cualquiera que mostrara más ambición que la norma social o aquellos que tuvieran autoestima eran entonces tachados de narcisistas.

Aunque podría ser un recordatorio saludable para mantener las cosas en perspectiva, y no pisotear a los demás para llegar a donde uno quiere, en el caso de mi amigo, sólo fue algo hiriente. Esto crea un problema mucho más profundo cuando lanzamos una palabra sin entender su verdadero significado, Y esto lleva a que la palabra narcisista ahora tiene poco significado.

Para decirlo de otra manera. Piensa en tu definición de la palabra "clásico". Pensamos en grupos clásicos como los Beatles, Queen, Abba, etc. Los clásicos se definen por el largo periodo de tiempo que permanecen de excelente calidad. En cuanto la palabra "clásico" se convirtió en argot para decir "impresionante" o "genial", le quitó parte del verdadero significado de "clásico". Lo mismo ha ocurrido con la palabra narcisista.

· · ·

El origen de la palabra narcisismo viene de la mitología griega: Narciso se enamoró de su propio reflejo en un estanque de agua. Significa perseguir la satisfacción de la propia admiración egoísta (Wikipedia). La definición actual no ha cambiado, pero se ha ampliado.

El trastorno narcisista de la personalidad (NPD) es una condición en la que uno se ve a sí mismo como si tuviera más importancia que los demás: espera un trato especial y que los demás le vean como mejor. También hay una falta de empatía, un anhelo de perfección y querer lo mejor de todo. Puede parecer que un narcisista tiene toda la confianza del mundo, pero a menudo es sólo una fachada.

Con una autoestima frágil, cualquier tipo de crítica se sumará a las dificultades que tienes al tratar con ellos. A pesar de las apariencias, los narcisistas se sienten increíblemente molestos cuando no reciben la atención que creen merecer. Debido a la falta de empatía, son incapaces de ver cómo te afectan ciertas cosas y, por lo tanto, no pueden comprender por qué no están recibiendo su atención. Es más, si ven que otros reciben elogios o atención, pueden sentir envidia, lo que les lleva a la ira e incluso a la depresión.

Aunque usted no vea este lado de ellos, los narcisistas pueden sentir mucha inseguridad y vergüenza. Esto, sumado a los problemas de ira, impaciencia y frustración, hará que las relaciones en el hogar y el trabajo sean muy difíciles.

Al igual que los sociópatas, los narcisistas no pueden ver que están en el mal.

Esto hace que el tratamiento sea muy difícil, ya que no buscarán ayuda activamente, ¡están por encima de esto! El trastorno narcisista de la personalidad requiere el tratamiento de un psicoterapeuta.

¿Qué causa el Trastorno Narcisista de la Personalidad?

La causa exacta del trastorno de la personalidad narcisista, al igual que muchos otros trastornos de la personalidad, aún no tiene una causa definida y, una vez más, puede volver al debate de la naturaleza contra la crianza. Dicho esto, es más probable que sea una combinación de ambos factores.

Si miramos primero a la naturaleza, ha habido estudios que sugieren que la genética juega un papel en el NPD. La heredabilidad es una métrica utilizada para medir la probabilidad de la influencia genética en una persona en lugar de las influencias ambientales. Existe una probabilidad entre moderada y alta de que el NPD sea heredable ("A Twin Study of Personality Disorders", 2000).

En lo que respecta a la estructura del cerebro, se ha relacionado un hipocampo y una amígdala más pequeños con el comportamiento antisocial observado en los narcisistas.

Esto se debe al mal funcionamiento de la forma en que las personas interpretan la información recibida de sus sentidos.

A diferencia de lo que hemos visto antes, el NPD no se ha relacionado con un traumatismo cerebral. En cambio, es más probable que el trauma sea el resultado de un trauma ambiental en la infancia.

Los estilos de crianza se atribuyen a menudo al NPD, y esto no se limita a los padres sino a todos los cuidadores primarios. El NPD puede ser causado por cualquier estilo de crianza extremo. Un padre puede retirar completamente la atención causando desprendimientos emocionales. Ser demasiado indulgente o ser demasiado permisivo o incluso demasiado estricto también puede influir en el comportamiento de los niños en su edad adulta. Otras contribuciones del entorno pueden ser el abuso (verbal, físico y/o sexual) y las expectativas poco realistas.

Más recientemente, también se ha demostrado que las influencias culturales aumentan la probabilidad o la gravedad del narcisismo. El NPD es más frecuente en las sociedades modernas en comparación con las más tradicionales ("Modernidad y trastornos narcisistas de la personalidad", 2014).

Hay que tener cuidado al tratar de diagnosticar a personas menores de 18 años con NPD. Esto se debe a que es extremadamente difícil diagnosticar un trastorno de la personalidad cuando ésta aún se está desarrollando. Los adolescentes pueden asentir con la cabeza al leer algunos de los síntomas y empezar a buscar culpables en ellos mismos. Muchos adolescentes pasarán por fases que pueden incluir rasgos narcisistas, pero esto es sólo una parte de su desarrollo. Si está preocupado por su hijo, puede buscar asesoramiento profesional.

¿Existen diferentes tipos de narcisismo?

El narcisismo tiene su propio espectro, lo que significa que puede haber diferentes tipos y diferentes grados.

Tenga en cuenta que no existe un número oficial de tipos. Algunos son populares entre los profesionales y otros han sido investigados. Para tener una visión general del comportamiento narcisista, veremos los tipos más comunes de narcisistas.

1. Un narcisista sano

Todos tenemos un poco de narcisismo. Es bueno celebrar nuestras victorias y sentirnos orgullosos de las cosas que hacemos bien. También es saludable reconocer que uno se merece ciertas cosas como el respeto y la felicidad. Para un diagnóstico oficial de NPD, las personas tienen que estar mostrando un mínimo del 55% de los rasgos más comunes.

2. El narcisista manifiesto

Esto es lo que muchos llamarían el narcisista clásico, la persona que está obsesionada consigo misma, carece de empatía y cree que es superior a los que le rodean. Son ruidosos y necesitan ser el centro de atención. Tienen poco o ningún respeto por los límites y tratarán de romper gradualmente cualquier límite que usted establezca.

3. El narcisista encubierto

Un narcisista encubierto es lo contrario de un narcisista abierto. Este tipo también se conoce como narcisismo vulnerable, debido a su extrema sensibilidad. Viven para los elogios y se toman muy mal las críticas. Además de tener envidia de los demás, también afirmarán que sus problemas y tristeza son mucho mayores que la de los demás.

4. El narcisista maligno

Estas personas son simplemente desagradables y pueden ser agresivas o sádicas. Disfrutan viendo sufrir a los demás y son maestros de la manipulación para presenciar este dolor.

El narcisista maligno es muy difícil de tratar debido a su inteligencia, que está dirigida a la manipulación.

5. El narcisista psicópata

Aunque no son tan comunes, los narcisistas psicopáticos son agresivos y violentos y no muestran ningún remordimiento por sus acciones. Normalmente, los asesinos en serie y los asesinatos en masa son narcisistas psicopáticos.

6. El narcisista somático

El cuerpo físico es de extrema importancia para un narcisista somático. Puede que tengan que ser los más guapos o los que están más en forma, por lo que se centran en su peso y apariencia. Si bien esto no suena tan mal, pondrán sus necesidades por encima de todas las demás para lograr su idea de perfección física.

7. El narcisista cerebral

Los narcisistas cerebrales son inteligentes, pero eso no es lo que los define. Sienten que es su inteligencia la que les hace superiores a los demás y se desvivirán por hacer sentir a los demás estúpidos. Independientemente de si tienes razón o no, nunca ganarás un debate con ellos y probablemente sólo terminarás dudando de tu propio intelecto.

8. El narcisista acosador

El nombre te da una idea clara de lo que es un narcisista acosador. Tienen que ganar por cualquier medio. Se burlan socialmente de los demás, los menosprecian y, en general, hacen que la gente se sienta mal con ellos mismos.

Un acosador "normal" lo hace para ascender en la escala social, mientras que un narcisista acosador tiene motivaciones personales.

9. El narcisista sexual

Los narcisistas sexuales también pueden mostrar rasgos de narcisismo somático y cerebral, pero esto se suma a la auto-admiración de sus habilidades sexuales. Necesitan oír lo buenos que son en la cama y están obsesionados con su rendimiento. La mayor parte de su manipulación está relacionada con el sexo y no es raro que sean infieles, una y otra vez.

10. El narcisista bombardeador de amor

El bombardeo de amor sólo se siente increíble al principio. El bombardeo de afecto, palabras amables y regalos inesperados en los primeros días de una relación puede parecer incluso normal. Sin embargo, el bombardeo amoroso narcisista es una técnica manipuladora que se utiliza para enganchar a la persona en una relación comprometida antes de que se dé cuenta de que se está jugando con ella.

11. El narcisista de las celebridades

También se conoce como narcisismo situacional adquirido (ASN) y está relacionado con la adquisición de riqueza o fama. Debido a tanta atención, algunas personas pueden empezar a creer que son más importantes de lo que son.

Cómo identificar al narcisista en su vida

Ahora que hemos definido claramente lo que es un narcisista y los diferentes tipos, probablemente tendrá una buena idea de si está tratando con uno o no. Aun así, añadiremos algunas otras señales que vale la pena tener en cuenta:

- Sus interacciones iniciales eran increíbles pero las cosas se agriaron rápidamente.
- Dominan las conversaciones tanto en el tema como en la cantidad de habla.
- Pescan cumplidos para alimentar su autoestima.
- Nunca sienten que sus emociones son escuchadas o atendidas.
- No tienen amistades a largo plazo.
- Te hacen luz de gas, provocando que dudes de todo.
- Nunca obtienes una disculpa o ves algún intento de compromiso.
- Si tratas de separarte, entrarán en pánico y luego se enfadarán.
- Te controlan constantemente.
- No asumen la responsabilidad de sus actos.
- Todo es bueno o malo.
- Proyectan su negatividad en ti: si no les apoyas, eres pesimista, etc.
- Su falta de empatía les dificulta trabajar con otros o como parte de un equipo.

Un consejo es que no empieces a imaginar cosas que realmente no existen, aunque es un hábito que muchos tenemos. Si tu pareja se olvida de pagar una factura, ha tenido un momento de irresponsabilidad. Esto no es suficiente para incluirlo en tu lista. Las señales tienen que ser algo que se vea regularmente. Todos tenemos momentos en nuestra vida en los que algunas de estas señales nos han sonado a nosotros también. Es posible que numerosos temas sean relevantes. Pero si algunos no lo son, no hay necesidad de ir a buscar temas que no están ahí.

¿Qué puede hacer si hay un narcisista en su vida?

Vamos a suponer que hay ciertas personas narcisistas en tu vida de las que no puedes liberarte. También vamos a suponer que no reconocen que tienen un problema, por lo que la ayuda profesional no va a ser una opción. El primer paso crucial al tratar con estas personas es centrarse en tus límites.

¿Por qué son tan importantes los límites cuando se trata de personas narcisistas?

Las conversaciones sobre cómo te hacen sentir las cosas van a caer en saco roto y, lamentablemente, sólo te harán perder energía.

Los límites eliminan la necesidad de explicaciones emocionales. Son las reglas que todos deben cumplir y, si no, hay consecuencias.

· · ·

Para crear tus límites, imagina que dibujas un gran círculo a tu alrededor. Piensa en todas las situaciones con las que tienes dificultades. Coge una situación y decide lo cerca que puedes estar de la línea y seguir sintiéndote cómodo. ¿Qué es lo que te hace sobrepasar la línea? Por ejemplo, tu pareja te critica en público. Puede que te parezca bien delante de tus buenos amigos y familiares, pero en absoluto en situaciones sociales amplias o con tus compañeros de trabajo.

También es posible que sientas que no vas a tolerar ninguna forma de crítica delante de los demás. Nadie puede crear tus límites por ti, es algo personal.

Sabemos muy bien que un narcisista va a sobrepasar tus límites, independientemente de lo bien que los expreses.

Esto significa que es esencial que tengas consecuencias para cuando ellos crucen un límite. Utilizando el mismo ejemplo, puedes optar por alejarte de la situación en cuanto te critiquen. Decidas lo que decidas, tienes que estar 100% seguro de que lo vas a cumplir.

La comunicación de tus límites debe ser breve y sencilla: "No toleraré más que me critiques delante de los demás. La próxima vez que ocurra, me iré". Y punto. No sientas que tienes que justificar tu límite. Lo mejor es cambiar de tema para que no tengan oportunidad de manipularte.

Una vez que empieces a poner en práctica tus límites y consecuencias, notarás que se rompen ciertos ciclos y esto es un gran punto de partida. Empezarás a notar que tu confianza mejora al saber que puedes hacerlo. Aquí hay otros consejos para tratar con un narcisista.

Intenta no dejarte arrastrar por sus juegos emocionales.

Ahora estarás al tanto de los juegos que están tratando de jugar y sentirás cuando te están manipulando. Desafortunadamente, tu reacción va a proporcionar más munición y lo mejor que puedes hacer es dar un gran paso atrás. La próxima vez que pienses que el narcisista de tu vida sólo ha dicho algo para conseguir una reacción tuya, simplemente di "Vale". De esta manera no tendrán nada que volver a decir en tu contra.

Elige bien tus batallas. Si la situación lo requiere, simplemente di "Vale". Sin embargo, si crees que su comportamiento cruza una línea o un límite, debes hablar claro.

Siempre es mejor hacerlo con calma. No debes dejar que vean tu dolor. Digan lo que digan, no sientas culpa, ni vergüenza, ni culpabilidad. Sabes que puedes admitir cuando has cometido un error y pedir disculpas. No permitas que la gente proyecte sus sentimientos en ti y te haga dudar de ti mismo. Sólo eres responsable de tus propias emociones y de tus actos.

Baja tus expectativas. Incluso después de tanto daño, es probable que haya una parte de ti que todavía tenga la esperanza de que un día, la moneda caiga. Es hora de rebajar esas expectativas como forma de autoprotección. Deja de esperar que empaticen con tu situación y deja de esperar esa conversación significativa.

Evita sacar a relucir el pasado. Como has aprendido sobre la aceptación, esto debería ser más fácil. Lo que ocurrió en el pasado debería quedarse ahí. En el pasado, usted no fue educado en cómo lidiar con un narcisista y por lo tanto no tiene mucho sentido traer a colación lo que sucedió hace meses o años. Ahora que estás más informado, es mejor que centres tus esfuerzos en el presente.

Busca la ayuda que necesitas. Si sientes que estás pasando por cosas que no puedes afrontar, busca ayuda. Tu red de apoyo es crucial para avanzar de forma sana y positiva.

· · ·

Puede que tengas amigos o un familiar cercano con el que puedas hablar, o puede que prefieras un terapeuta. No sienta que tiene que sufrir solo. Como hemos visto, los trastornos de la personalidad son mucho más comunes de lo que pensamos y ahora hay ayuda disponible.

¿Qué pasa cuando lo has intentado todo?

Sin tener en cuenta el género, para una persona atípica, terminar cualquier relación va a ser difícil. Aunque su amor por ti no era real, tu amor por ellos sí lo era. Incluso cuando se toca fondo, hay una pequeña parte de tu mente y tu corazón que piensa que las cosas pueden ser diferentes. El otro miedo que podemos tener es que no queremos arriesgarnos a tirar por la borda lo que conocemos, sólo para que vuelva a ocurrir lo mismo.

Parece que sólo estamos hablando de parejas románticas, pero esto se aplica a todas las relaciones. No puedes sustituir a tus padres, pero puedes encontrar relaciones satisfactorias que te llenen de amor y te permitan amar.

El primer paso para liberarte de los narcisistas es estar absolutamente seguro de que estás preparado para dar el paso. Un error común es el patrón de "romper-hacer", que también se ve en las relaciones no románticas.

. . .

Crees que has tomado una decisión, luego vuelves, y después vuelves a romper. Normalmente, esto sólo prolonga el sufrimiento y con un narcisista, definitivamente lo hará, porque no cambiará. Estar absolutamente seguro de tu decisión evitará que vuelvas.

A continuación, tienes que pensar en la logística. Si se trata de una pareja, es necesario planificar los arreglos de vivienda y otros aspectos prácticos. Si se trata de un amigo, ¿tendrás que verle cuando te reúnas con amigos comunes o podrás evitarle por completo? ¿A qué eventos familiares tendréis que asistir juntos, si es que hay alguno? ¿Hay alguna forma de distanciarse completamente de tu compañero de trabajo narcisista? Siempre que sea posible, es mejor hacer una ruptura limpia. Si esto no es una opción, el contacto debe limitarse a lo inevitable.

Cree una nueva lista de objetivos y cosas que quiere lograr; algunas ideas son
- Comenzar un nuevo pasatiempo
- Leer un libro en particular
- Despejar sus pertenencias
- Probar nuevos eventos sociales
- Aprender una nueva habilidad
- Estudiar un curso en línea
- Hacer más ejercicio

- Viajar
- Hacerse un nuevo corte de pelo/ropa
- Avanzar en tu carrera

Esta lista te ayudará a mantenerte centrado y te servirá de recordatorio de por qué rompiste con esa persona en primer lugar. Debe estar llena de todas las cosas que has querido hacer pero no has podido.

Prepara lo que quieres decir. Estar preparado te ayudará a sentirte seguro. No necesitas un discurso largo. Hazles saber que crees que la relación ya no es saludable y que vas a seguir adelante. No es necesario que expliques tu decisión. Recuerda que cuanto más hables, más munición les darás.

Permítase un tiempo para llorar el final de su relación. Es un proceso que hay que trabajar de la manera adecuada. No esperes levantarte al día siguiente y sentir que la vida es mejor. Al mismo tiempo, es importante no estancarse en este periodo, por lo que debes tener a mano tu lista y empezar a marcar algunos de tus nuevos objetivos.

Ahora que estás libre del narcisista, puedes empezar a reconectar con esas personas con las que no has podido pasar tiempo. Irónicamente, si son tus padres los que han sido narcisistas, podría ser que ahora seas capaz de reavivar un viejo romance. Piensa en los amigos del colegio o de la universidad que no has visto y acércate a ellos. Estas personas, así como tus relaciones actuales, actuarán como tu red de apoyo, especialmente mientras te fortaleces y te recuperas.

Un ejercicio que realmente me ayudó fue escribir una lista de todas las cosas negativas de mis personas narcisistas. Era bastante extensa, pero me aseguré de sacarlo todo de mi mente y ponerlo por escrito. Luego, hice todo lo posible por eliminar los recordatorios de ellos: fotos, regalos, etc. Cogí una bolsa, metí todo en ella, y finalmente añadí la lista y lo tiré todo. Esto me proporcionó una gran sensación de cierre.

Busca las cosas positivas en tu vida. Te llevará un tiempo reeducar tu cerebro, ya que has vivido en un pantano de negatividad durante mucho tiempo. La verdad es que, si quieres y realmente buscas, descubrirás que hay muchas cosas en tu vida que son realmente buenas. Si descubres que realmente no puedes ver lo bueno, puede que necesites algo de terapia, sólo para darte un pequeño empujón en la dirección correcta.

Cómo evitar a los narcisistas en el futuro

. . .

Sin tener la culpa, es fácil caer en el mismo comportamiento al que estamos acostumbrados. Por esta razón, necesitas darte tiempo antes de saltar a nuevas relaciones, sin importar el tipo. Asegúrate de que te estás dando el tiempo suficiente para descubrir quién eres realmente y qué quieres tanto de la vida como de tus relaciones. La Dra. Ramani, psicóloga clínica licenciada, llama a esto una inmersión profunda.

Mira lo que ha sucedido, toma lo que puedas de las relaciones, úsalas para aprender más sobre ti mismo y así saber que no debes dejar que vuelva a suceder lo mismo en el futuro.

La Dra. Ramani también explica cómo almacenamos los traumas en nuestro cuerpo. La mente se desprende poco a poco, pero hay una muy buena razón por la que debemos tener fe en nuestras reacciones viscerales y en esos pelos que se erizan cuando sabemos que algo va mal. Llegará un momento en el que conocerás a nuevos amigos, colegas y compañeros. Es un error poner tus defensas y asumir que te van a tratar de la misma manera. No estás siendo justo ni dándoles una oportunidad adecuada. Empieza cada nueva relación como una pizarra en blanco, pero, si sientes que algo te suena y que ya has pasado por este camino antes, sal.

· · ·

Es conveniente que lo golpees en la cabeza lo antes posible para protegerte de las mismas experiencias dolorosas de las que tanto te costó romper.

Hasta ahora, hemos visto dos de los tipos de personas más tóxicas. Eso no quiere decir que no haya muchos otros tipos de personalidad y comportamientos que no debamos soportar en nuestras vidas. En el próximo capítulo, hablaremos de otros tipos de personas tóxicas que consiguen poner nuestra vida patas arriba.

6

No todas las personas tóxicas son narcisistas o sociópatas

AFORTUNADAMENTE, no todo el mundo va a tener un narcisista o un sociópata en su vida. Esto no quiere decir que no tengan que lidiar con un comportamiento tóxico.

Hasta ahora, hemos visto a las personas extremadamente tóxicas. Desafortunadamente, hay muchas otras formas en que una persona puede ser tóxica, tanto que podemos caer en la trampa de tratar de moldear nuestras vidas alrededor de ellas. El hecho de que alguien no abuse físicamente de ti, no significa que su comportamiento esté bien.

Entonces, ¿qué significa ser tóxico? No se puede negar que todos podemos tener momentos en los que somos tóxicos, eso me incluye a mí y a ti. Es necesario entender cómo es la toxicidad y dónde trazamos la línea entre tener un momento tóxico y ser una persona tóxica.

Qué constituye un comportamiento tóxico

En primer lugar, hay que destacar que la persona que está en tu vida puede no ser tóxica y ser sólo su comportamiento. Por otro lado, algunas personas tienen un impacto tan abrumadoramente negativo en ti que las llamarías personas tóxicas.

El comportamiento tóxico es cualquier tipo de comportamiento, palabras o acciones que causan conflicto en tu vida y te molestan. Según esta definición, es fácil ver cómo todo el mundo puede mostrar un comportamiento tóxico. La semana pasada le causé a mi amigo una gran cantidad de estrés y reconozco que herí sus sentimientos.

Esto es un comportamiento tóxico. No fue intencional, me disculpé y seguimos adelante, sin embargo, fui la causa de su dolor.

La mayor diferencia es que fui capaz de reconocer mis acciones y enmendarlas, que es lo que la mayoría de los adultos son capaces de hacer. Los que muestran un comportamiento tóxico más grave rara vez se disculpan. A partir de aquí, nos referiremos a ellos como personas tóxicas en lugar de personas con un comportamiento tóxico. No quiero que empieces a sentirte culpable y preocupado porque has molestado a la gente: ¡no eres una persona tóxica!

Las personas tóxicas pueden ser manipuladoras y su comportamiento a menudo te confundirá porque hay una falta de coherencia. Un minuto estarán felices y al siguiente pueden estar pidiendo a gritos atención porque su vida es terrible. No sólo te sientes incómodo con estas personas, sino que tampoco te sientes bien contigo mismo cuando estás cerca de ellas.

Las personas tóxicas viven para el drama y si no lo encuentran, lo crean. Una de las formas de crear drama es sobrepasar los límites.

El abuso de sustancias puede ser un problema para las personas tóxicas. Esto no significa que todas las personas que toman drogas o beben sean tóxicas. Pero cuando su comportamiento empieza a tener un impacto negativo en tu vida, también se convierte en tu problema.

A diferencia de los narcisistas y los sociópatas, la toxicidad no está clasificada como un trastorno mental o de la personalidad. Eso no quiere decir que la persona tóxica no tenga problemas de salud mental subyacentes que causen su comportamiento.

¿Cuál es la diferencia entre un mal día y un comportamiento tóxico?

Para entender la delgada línea, vamos a ver algunos ejemplos de historias de la vida real que la gente ha compartido conmigo y luego desglosar exactamente donde el comportamiento de un mal día se convirtió en tóxico.

Michelle, como muchos de nosotros, tuvo los habituales altibajos en su vida. Tuvo algunos problemas de salud que, por desgracia, provocaron la ruptura de su relación. Al mismo tiempo, también era una luchadora y consiguió un aumento de sueldo y un ascenso en el trabajo. Cada vez que Michelle se sentía mal, su amiga estaba allí. La acompañaba a las citas con el médico y la ayudaba a recoger las cosas de su novio.

Pero cuando Michelle consiguió su ascenso e invitó a su amiga a celebrarlo, ésta no respondía a sus llamadas ni a sus mensajes. Cuando por fin se puso en contacto con su amiga, las palabras fueron "¿No es genial?", con un tono que no era de felicidad. Dos segundos después, su amiga estaba cotilleando sobre otra persona.

La siguiente vez que Michelle invitó a su amiga a cenar porque quería hablar de un nuevo hombre que había conocido, su amiga dijo sarcásticamente "¿Tan pronto?" y rechazó la invitación. Michelle no sentía que pudiera decir nada porque su amiga se había portado muy bien en los momentos cn que la había necesitado.

Cuando compartimos las buenas noticias con un amigo y éste no se apresura a compartir nuestra alegría, es posible que esté pasando por sus propios problemas y que esté realmente distraído. Sin embargo, la amiga de Michelle se pasó de la raya al restarle importancia a cualquier ocasión feliz que tuviera Michelle. Aunque no ignoró por completo los motivos de Michelle para celebrar, sí respondió de forma tóxica. El sarcasmo es como la sal, la cantidad adecuada hace un plato demasiado y se arruina. Este comportamiento se volvió tóxico en cuanto la amiga de Michelle sólo pudo sacar provecho de la relación en momentos de crisis. Una amistad sana es aquella en la que uno está ahí para el otro, en lo bueno y en lo malo.

Paul y Carmen trabajaban a tiempo completo. El trabajo de Paul era físico y el de Jane mental, pero ambos eran agotadores. Como la mayoría de las parejas, también tenían las responsabilidades de la casa y de su hijo pequeño.

Carmen trabajaba en casa, y cuando Paul volvía cada día a las 3.30, se sentaba, echaba una pequeña siesta y se iba a hacer sus pinitos. Cuando el pequeño se puso enfermo un día, Carmen perdió la paciencia y provocó una discusión porque cuidar de un niño enfermo significaba que se retrasaba en su trabajo. Cuando se calmó, le pidió disculpas y le explicó que necesitaba que él pusiera de su parte y se responsabilizará más de lo que era igualmente suyo. Paul no aceptó esta disculpa.

En lugar de eso, lo exageró todo con frases como "Siempre estás regañando" y "Nunca me dejas hacer mis aficiones". Regularmente juzgaba a Carmen por cómo pasaba el día y le sugería que si gestionará mejor su tiempo, no estaría tan celosa de que él tuviera una vida. Independientemente de cómo Carmen explicara el problema, Pablo siempre tenía una respuesta que la hacía cuestionar si tenía razón o no.

Es fácil ver que se trata de una relación tóxica, desde fuera. Es más difícil cuando se está realmente en una. Carmen tuvo un mal día, se enfadó y gritó. No era la mejor manera de comportarse pero, de vez en cuando, todos lo hacemos.

. . .

Pablo, en cambio, se antepone a sí mismo y a sus necesidades a las de su familia. No asume la responsabilidad y la relación está desequilibrada. En lugar de apoyarla, la juzga. Carmen no le debe nada a Paul. No tiene que ocuparse de él además de lo que ya tiene que hacer. Hay que satisfacer las necesidades de ambos miembros de la pareja.

La hermana de James es una completa fanática del control. Todo en su vida está estructurado y ordenado como a ella le gusta. Hay listas para las listas, las rutinas no se pueden romper y las reglas están para ser obedecidas. Cuando llega al apartamento de James, mueve una silla en un ligero ángulo porque queda mejor.

Llevará un ambientador porque huele mejor y reordenará los libros por orden de altura. Y tiene razón en todo.

Hannah tiene un colega con el que en general es fácil trabajar. Colaboran bien juntos y, aunque son amables, sigue habiendo cierto grado de profesionalidad. Al colega de Hannah, Jamie, le gusta ser el centro de atención y a menudo tiene una historia para entretener a la oficina.

. . .

Un día, Hannah se dio cuenta de que Jamie dijo que había vivido en Sydney durante un año, pero la última vez que escuchó la historia fue en Melbourne. Cuando Hannah le cuestionó, él dijo "Sí, eso fue antes", y ella no pensó más en ello. Con el tiempo, se dio cuenta de que se estaba desarrollando un patrón, y que cada vez se contaban más mentiras.

Al principio, eran inofensivas mentiras blancas y el único daño real que esto le causaba era la incapacidad de confiar en él.

Pero entonces, las mentiras empezaron a colarse en las cosas relacionadas con el trabajo. Mentía sobre la finalización de un informe o le decía al jefe que le había pedido a Hannah que hiciera algo cuando no era así. Cuando mintió a un cliente y, posteriormente, la empresa perdió al cliente, todo el equipo se resintió.

La confianza es una parte crucial de cualquier relación. Sin ella, no tenemos ninguna base sobre la que construir. Si un colega cuenta mentiras sobre su vida personal, la relación profesional puede no sufrir. Pero, en cuanto Paul empezó a contar mentiras a sus colegas y sobre ellos, su comportamiento pasó de ser soportable a tóxico. Esto se debe a que sus acciones crearon negatividad no sólo para

Hannah sino también para los demás que tienen que trabajar con él.

Además de que Hannah no podía confiar en él, sus mentiras sembraron la duda sobre en quién se puede confiar en la oficina.

El punto principal aquí es que cuando miras estas situaciones y asientes con la cabeza, es bastante obvio que el comportamiento es tóxico y posiblemente incluso las personas. Entonces, ¿por qué es tan difícil detectar el comportamiento tóxico en nuestras propias vidas? Sencillamente, porque el amor es ciego, incluso al comportamiento tóxico.

¿Qué puedes hacer cuando el amor está causando ceguera a la toxicidad?

Para las personas más cercanas a nosotros -nuestra pareja a largo plazo, nuestros mejores amigos, nuestros padres y hermanos- no siempre es tan fácil. En muchos casos, hemos tenido a estas personas en nuestras vidas durante tanto tiempo que aceptamos que son así. En otros casos, nuestro amor es tan ciego que ni siquiera lo vemos.

· · ·

Uno de los mayores problemas del comportamiento tóxico en las personas más cercanas a nosotros es que puede aparecer de forma muy gradual y sutil. Por ejemplo, en tu familia. Creces con tus padres, que pueden ser tóxicos, pero no es hasta que eres adulto cuando te das cuenta de hasta qué punto te afectaron sus acciones. Probablemente tu hermano era tu mejor amigo, pero cuando ambos empezáis a moldear vuestras propias vidas, puede que se haya visto envuelto en un círculo de personas tóxicas, y eso se contagia.

Poco a poco, empiezas a notar cambios en ellos, y eso tiene un mayor impacto en vuestra relación.

Con los amigos, puedes notar pequeñas cosas que te molestan y que desearías poder cambiar. Pero no es hasta que os encontráis en una situación muy mala juntos cuando ves lo profunda que es su toxicidad.

Echemos un vistazo a tres relaciones específicas y a cómo puedes detectar los signos más sutiles de un comportamiento tóxico. Recuerda que algunos puntos pueden aplicarse a todas tus relaciones más cercanas.

Cómo detectar el comportamiento tóxico sutil de tu familia:

• Caminas constantemente sobre cáscaras de huevo a su alrededor

• Hay muchas discusiones y hacen de estas discusiones algo personal • No aceptan tus preferencias sexuales

• No aceptan tu elección de pareja

• No respetan tus opiniones o creencias

• Te dicen cómo tienes que educar a tus hijos

• Sientes que haces las cosas sólo por su aprobación

• Tu familia te decepciona con frecuencia

• Son violentos con usted

• Son controladores, esperan que hagas lo que hace el resto de la familia

Formas de saber si tus amigos son tóxicos:

• Cancelan constantemente los planes o no se presentan

• Empiezas a temer las ocasiones sociales con ellos

• Estás triste, molesto, estresado o agotado después de las ocasiones sociales con ellos

• Beben demasiado y se vuelven agresivos o te insultan

• Te hacen sentir culpable por hacer lo que quieres hacer

• Chismorrean sobre ti

• Publican cosas negativas sobre ti en las redes sociales

• Nunca te agradecen las cosas que haces por ellos

• Sientes que te acosan

- No respetan tu espacio personal

Cuando el amor te impide ver el comportamiento tóxico de tu pareja:

- No puedes comunicarte sin discutir, ser amargo o sarcástico
- Hay una falta de apoyo
- Empiezas a sentir celos y resentimiento
- Tu pareja toma decisiones financieras importantes sin hablar contigo primero
- Has perdido otras relaciones importantes por miedo a molestar a tu pareja
- Has dejado de cuidar de ti mismo, de tu salud mental y física
- No tienes tiempo para tus aficiones
- En tu mente, sigues diciéndote que es una fase y que las cosas cambiarán
- Te encuentras diciendo mentiras para no tener que pasar más tiempo con ellos
- Te ridiculizan delante de tus amigos y familiares
- No hay equilibrio ni igualdad, un entendimiento compartido de quién hace qué

Lo más peligroso del comportamiento tóxico sutil es que es contagioso. Las personas tóxicas suelen decir mentiras, pero luego te encuentras diciendo mentiras para evitar la confrontación. ¿Cuántas veces has visto que el acoso en línea es respondido con más acoso?

. . .

Pasos sencillos que puedes dar para evitar que tus seres queridos ejerzan su comportamiento tóxico sobre ti.

Después de quitarse las anteojeras y ver las cosas como realmente son, ahora está listo para empezar a dar algunos pequeños pasos para ver los cambios necesarios. Nos gusta empezar con los pasos más pequeños porque así se gana confianza, y sabiendo que se puede hacer, es más fácil afrontar situaciones más difíciles.

1. Olvidar lo que pasó en el pasado

No es tan sencillo como "perdonar y olvidar" porque el dolor que causan las personas se queda con nosotros. Si tu pareja te es infiel, no puedes dejarlo en el pasado y volver a confiar. Cuando hablamos de dejar las cosas en el pasado, se trata de no traer las acciones pasadas a las conversaciones presentes. No será productivo y es más probable que provoque que la conversación se convierta en un enfado. Es importante mirar lo que está sucediendo en el presente y los cambios que quieres ver.

2. Llegar al fondo de sus problemas

Es posible que ni siquiera sean conscientes de su comportamiento tóxico o de hasta qué punto está dañando la relación. Su comportamiento tiene un origen en la raíz. Asegúrate de que saben que no estás excusando la forma en que te tratan, pero ser comprensivo y ayudarles a resolver sus problemas puede reducir la toxicidad y también fortalecer la relación. Por supuesto, si no están dispuestos a aceptar los problemas, te va a costar ver los cambios que necesitas.

3. Centrarse en la responsabilidad en lugar de culpar

A la gente le cuesta admitir que ha cometido un error o que ha hecho algo mal. A veces confundimos el hecho de rendir cuentas con la admisión de nuestros fallos y debilidades. Es más fácil destacar los fallos de los demás y culparlos. Aunque estés trabajando para evitar el comportamiento tóxico de la otra persona, es una buena práctica asumir tu parte de culpa en esos malos días que se convierten en actos tóxicos. Es un poco como si les estuvieras mostrando que está bien ser responsable y cómo pedir perdón cuando sea necesario. No obstante, nunca te disculpes por cosas que no son tu culpa y no te dejes manipular para pedir perdón.

4. Di no al comportamiento tóxico

Sé que no quieres hacer saltar la alarma e incluso puede que tengas miedo de la respuesta que recibas, pero ahora es el mejor momento para poner fin a que te traten como un felpudo. No te mereces que te traten con nada menos que amor y respeto. Cuando la gente te trate de una manera que te haga sufrir, llámales la atención sobre este comportamiento y diles que no está bien. Elige el mejor momento para hacerlo. Debes asegurarte de que estás emocionalmente tranquilo y si te preocupa que la otra persona te dispare, hazlo en un lugar público o con personas a tu alrededor en las que puedas confiar.

5. Establece límites los límites

Son esenciales a la hora de tratar con todas las personas tóxicas. Es otra forma de hacer saber a la gente que hay ciertas cosas que no tolerarás, pase lo que pase. Cuando hayas decidido tus límites, debes asegurarte de que se comuniquen con claridad y, como a las personas tóxicas les encanta traspasar los límites, tendrás que repetirte una y otra vez y demostrar que vas en serio aplicando las consecuencias de la trasgresión de los límites. En cuanto no refuerces un límite, la persona tóxica encontrará la manera de volver a los viejos hábitos.

6. Cuida de ti mismo

Si sientes que te has puesto en segundo lugar, ahora también es el momento de cambiar esto. Los demás seguirán ignorando tus necesidades y poniendo las suyas por delante de las tuyas hasta que les recuerdes que tu bienestar es igual de importante. Cuida de ti mismo tomándote tiempo para hacer las cosas que te apetecen, ya sea hacer ejercicio, ir al cine o ir a un determinado restaurante. No esperes a que tu pareja acepte acompañarte. Hacer estas cosas solo tiene un poder increíble: ¡no es lo mismo que estar solo!

7. *Deje pasar un tiempo para ver los cambios*

Mientras ambos trabajen activamente para mejorar, los cambios correctos se producirán, pero no será de la noche a la mañana. Estás trabajando para cambiar un comportamiento que está bien establecido, posiblemente durante años.

Es como aprender a conducir por la derecha y, de repente, tener que hacerlo por la izquierda. Cada día es más fácil, pero puede haber algunos pequeños contratiempos en el camino. Recuerda que tienes que ver los cambios y no sólo oír que van a ocurrir.

8. *Decida el nivel de contacto con el que está satisfecho*

En general, puedes decidir uno de los tres niveles de contacto. Puedes retirarte de las situaciones cuando la persona muestra un comportamiento tóxico. Por ejemplo, si tu mejor amigo se vuelve tóxico después de beber demasiado, puedes negarte a salir con él. Puedes decidir que lo mejor es un contacto mínimo. Así, sólo verás a los miembros de la familia en ocasiones de grupo, bodas y funerales, etc.

. . .

O puedes no tener ningún contacto. Obviamente, esto será lo más difícil debido a lo estrecha que es la relación. A veces, si el contacto mínimo te sigue molestando demasiado, puedes establecer un periodo de tiempo sin contacto. Puede ser un mes, unos meses o incluso un año. Durante este tiempo, puedes analizar si tu vida es mejor o peor sin ellos en ella. Después, tú decides si quieres volver a conectar y si la persona ha hecho algún cambio significativo durante el periodo sin contacto.

Para poner en práctica estas estrategias, tomemos los mismos ejemplos que vimos con Michelle, Carmen, James y Hannah y veamos cómo podrían haber resultado las cosas si hubieran sabido manejar el comportamiento tóxico.

Michelle y el amigo que busca el drama

Las personas que buscan el drama a menudo lo hacen porque están buscando una distracción de su propia realidad. Nuestros propios problemas son a menudo tan difíciles de resolver que podemos sentirnos impotentes. Pero cuando vemos a otras personas en apuros, es más fácil ver la solución. A menudo, los que buscan el drama lo hacen porque no pueden encontrar soluciones a sus propios problemas.

· · ·

Estar allí durante el drama de otras personas les mantiene ocupados y sienten que están involucrados en una solución.

En este caso, la persona amada sólo está ahí cuando tú tienes problemas. Debe tomarse tiempo para dejar de lado sus problemas (temporalmente) para intentar ayudar a esta persona a resolver lo que le molesta. Teniendo en cuenta la prevalencia de la toxicidad, es posible que estén tratando de lidiar con sus propias personas tóxicas.

La mejor opción de Michelle habría sido centrar la atención en su amigo y permitirle que se abriera sobre lo que le molesta. Incluso las palabras tóxicas que surgieron como sarcasmo podría haberse debido a los problemas personales de su amiga.

Esto es lo que se conoce como extender una rama de olivo. Estás dando una oportunidad a la persona amada para que explique su comportamiento, lo que podría ser la oportunidad para que se dé cuenta de que está equivocada.

Carmen y la pareja necesitada

. . .

Aunque enfadarse no era la mejor solución, no es la raíz del problema. Carmen y Paul tienen problemas de comunicación y se ha agravado tanto que Paul se ha vuelto tóxico y Carmen está adquiriendo poco a poco un comportamiento más tóxico. Para romper el ciclo, Paul y Carmen necesitan tener una conversación abierta. Lo mejor es hacerlo cuando ninguno de los dos esté cansado y haya alguien que cuide de su hijo pequeño para que no se distraigan.

La conversación debe centrarse en frases con "yo" en lugar de "tú". Las frases que empiezan con "Yo" mantienen la atención en sus sentimientos. Las frases que empiezan con "Tú" pueden sonar a culpa. Fíjate en la diferencia entre "Me siento herido cuando no haces tu parte", comparado con "Me haces daño cuando no haces tu parte". La conversación también debe incluir un plan para que el hogar funcione de forma más equitativa.

Carmen también tiene que dedicar algo de tiempo a sí misma para que Pablo no pueda acusarla de ser celosa. Por último, Carmen tendrá que tener paciencia y deberán celebrar juntos sus triunfos.

James y la hermana controladora

Una de las causas más comunes del comportamiento controlador es el trastorno de ansiedad. Conocemos la sensación de un mundo loco en el que nada parece estar bajo nuestro control, es estresante, pero para algunos se convierte en demasiado y encuentran la paz en controlar todo lo que pueden. James puede intentar ser más comprensivo con sus sentimientos y quizás animarla a buscar ayuda profesional para sus problemas.

Si su hermana se niega, tendrá que establecer límites firmes y hacer saber a su hermana lo que ocurrirá si se pasa de la raya. James también tendrá que decidir un nivel de contacto adecuado para protegerse si su hermana no puede cambiar.

Hannah y el colega mentiroso

Hay muchas razones por las que la gente miente. Puede ser para evitar la vergüenza, para proteger a otra persona de salir perjudicada o para sentirse mejor consigo mismo. Como ya hemos dicho, hay una línea muy fina entre una mentira blanca sobre tus experiencias y una mentira en toda regla. En el momento en que el colega de Hannah cruzó esa línea, Hannah debería haberle llamado la atención para que fuera consciente de que el espacio de trabajo no tolera las mentiras.

· · ·

Otra cosa muy importante, sobre todo en un lugar de trabajo, es documentar todo. Todos los mensajes, correos electrónicos y mentiras deben guardarse en un archivo.

Puede sonar dramático, pero si hay algún riesgo para su puesto o su carrera, RRHH debería tener una copia del archivo. Es una buena idea animar a otros compañeros a hacer lo mismo para que una manzana podrida no estropee todo el cesto.

La gama de niveles de toxicidad es enorme. Los comportamientos tóxicos pueden ser pequeñas cosas sin importancia que te afecten de verdad, o pueden ser grandes cosas que empiezan a apoderarse de tu vida. La situación de nadie va a ser exactamente igual y cada uno de nosotros tiene su propia personalidad. Por esta razón, no hay una solución única para el comportamiento tóxico. En este capítulo se han ofrecido algunas de las soluciones más eficaces para ayudar a superar estos problemas con las personas más cercanas. Una vez más, no he hablado a propósito de la manipulación.

Todo comportamiento tóxico proviene de la manipulación. Dedicaremos el próximo capítulo a la prevalencia de la manipulación en el mundo actual, así como a profundizar en la oscura psicología que se esconde tras ella.

7

El rey es manipulación

HACE años me sentía como un idiota, ya que una y otra vez me sentaba y pensaba "Hombre, me han vuelto a engañar".

Era completamente incapaz de ver cuando me estaban manipulando y definitivamente no podía verlo con antelación.

El comportamiento tóxico y la manipulación son los mejores amigos que caminan juntos por la calle. Rebotan el uno en el otro, se alimentan mutuamente y se arrastran hacia ti sin que te des cuenta. Es perfectamente normal que no nos demos cuenta cuando estamos siendo manipulados, principalmente porque nadie quiere pensar que nuestros amigos y familiares son capaces de tales técnicas.

. . .

¿Qué es la manipulación?

"La manipulación es el acto de controlar a alguien o algo en beneficio propio, a menudo de forma injusta o deshonesta" (Diccionario de Cambridge, 2021). Cuando hablamos de controlar a las personas, pueden ser sus emociones, percepciones, comportamiento y/o relaciones.

¿Recuerdas que mencionamos que tenemos la costumbre de decir que estamos bien o que estamos bien cuando la gente nos pregunta cómo estamos? En realidad, esto también es una forma de manipulación porque estamos controlando cómo nos ve la gente. En lugar de vernos tristes, enfadados o deprimidos, nos ven bien. La mayoría de nosotros hacemos esto, así que no hay necesidad de empezar a preocuparse de que seas un manipulador crónico. Se trata de una reacción normal que no está pensada para intentar ganar personalmente, sino para evitar que los demás se preocupen.

Algunos ejemplos de manipulación son:
- Mentir u ocultar información
- Amenazar o insinuar amenazas
- Aislar a las personas de sus seres queridos
- Agresión pasiva
- Abuso verbal
- Acoso intelectual
- Iluminación con gas

- Utilizar el sexo para conseguir lo que quieren
- Crear un desequilibrio de poder
- Sorpresas negativas para pillarte desprevenido
- El tratamiento silencioso
- Hacerse la víctima

Las razones que subyacen al comportamiento manipulador de las personas pueden ser inconscientes, pero también pueden llegar al otro extremo y ser completamente maliciosas e intencionadas. Las víctimas pueden quedar agotadas tanto física como mentalmente al intentar complacer a estas personas. Pueden empezar a sufrir ansiedad o depresión. No sólo pueden empezar a mentir sobre sus propias emociones, sino que también pueden empezar a encontrar muy difícil desarrollar relaciones de confianza.

El manipulador también puede tener sus propios problemas de salud mental que están causando este comportamiento tóxico. Los narcisistas y los sociópatas utilizan con frecuencia la manipulación y son plenamente conscientes de su comportamiento. Las personas a las que se les ha diagnosticado personalidad límite pueden manipular a los demás para satisfacer sus necesidades. Pero no tiene por qué haber un diagnóstico de salud mental para incurrir en tácticas manipuladoras. También puede deberse a que una persona está asustada o ansiosa y tiene la necesidad de controlar todo su entorno.

. . .

Por qué es tan tóxica la manipulación

Hay muchos ejemplos en el mundo en los que la manipulación se considera perfectamente normal, tanto que ni siquiera consideramos que estamos siendo manipulados.

El marketing y la publicidad utilizan técnicas de manipulación para convencernos de que elijamos determinados productos o servicios. Puede parecer un ejemplo trivial, pero imagínese el producto de limpieza o la pasta de dientes que utiliza siempre, y con razón. Pero un anuncio le llama la atención y decide probar el nuevo producto. El producto de limpieza podría ser inútil o la pasta de dientes repugnante. Pero la empresa ha conseguido cambiar tu comportamiento de compra para su propio beneficio.

Ahora bien, si se mira este ejemplo en un contexto no mercadotécnico, la teoría es la misma. Uno toma una decisión basándose en sus conocimientos y en su instinto. A pesar de saber que es la elección correcta, alguien puede utilizar la psicología para hacerte cambiar de opinión.

. . .

Como lo que quieren va en contra de tus instintos originales, a menudo no es lo que más te conviene y, por tanto, te perjudica. La manipulación en las relaciones puede llegar a ser tan tóxica que el resultado es la ruptura de esa relación.

¿Qué tienen en común los manipuladores?

Aunque las formas de manipular pueden variar mucho, hay una serie de técnicas y rasgos que los manipuladores tienen en común. Comprenderlos le ayudará a reconocer antes las señales y a estar mejor preparado.

1. No pueden pedir simplemente lo que necesitan

Si yo necesitara la ayuda de un amigo por cualquier motivo, se lo pediría directamente y he trabajado mi inteligencia emocional para respetar la respuesta dada. Los manipuladores nunca se limitarán a pedir lo que necesitan porque es ceder su control. En cambio, utilizarán la psicología para controlar a los demás.

2. Son expertos en gaslighting

La luz de gas es una de las formas más dolorosas de manipulación porque empiezas a cuestionar tu propia realidad y cordura. Si le pides a tu pareja que haga la compra y no lo hace, puede darse la vuelta y decir que nunca se lo has pedido. Los manipuladores utilizarán frases que pueden ser sutiles como: "¿Seguro que te sientes bien?" hasta "Sólo te estás haciendo el loco", ambas te harán cuestionar lo que realmente ha sucedido.

3. Proyectan sus emociones

La proyección es cuando desplazas tus propios sentimientos hacia otra persona. En la mayoría de los casos, se trata de un mecanismo de defensa, pero los manipuladores lo utilizan para ceder la responsabilidad de sus propias emociones negativas.

Ejemplos de ello podrían ser un manipulador enfadado que acusa a su víctima de estar siempre enfadado, o una pareja infiel que empieza a sospechar que su pareja también le engaña.

4. Hacen generalizaciones

Las generalizaciones pueden herir porque el manipulador no se toma el tiempo o el esfuerzo de entender lo que realmente estás diciendo.

Imagina que papá ha tenido un día problemático en el trabajo y le explica los detalles a mamá. Cuando los niños preguntan qué le pasa a papá, mamá dice: "Está de mal humor otra vez". Esta es una afirmación muy general que hace que papá quede mal delante de los niños cuando en realidad tiene muchas cosas que hacer.

· · ·

5. Tienen un sentido del humor inapropiado y desagradable

Realmente, es un poco como el bullying, pero si sientes que siempre estás al final de una broma y estas bromas hieren tus sentimientos, estás tratando con un manipulador.

Delante de los demás, sólo están siendo graciosos, un poco de humor inocente.

Sin embargo, son plenamente conscientes de que su broma te causa dolor e incluso pueden echar sal en la herida diciéndote que eres demasiado sensible.

6. Dividen y conquistan

Los manipuladores no tienen problemas en mostrarse muy amables con una persona y luego hablar mal de ella a los demás. Se trata de una técnica utilizada para controlar la opinión de los demás. Es especialmente peligroso en grupos de amigos o con colegas. También te dirán lo que otros dicen de ti, a menudo mintiendo o exagerando.

7. No se ciñen al tema

En cuanto parece que un manipulador va a tener que hacerse cargo de sus emociones o acciones, cambiará de tema. Esto es a veces más difícil de detectar porque parece muy inocente, pero lo hacen para evitar la responsabilidad.

8. Siempre estarán insatisfechos contigo

No importa si haces todo lo que te piden o si alcanzas los objetivos necesarios, entonces moverán los postes y esperarán más. Descubrirás que estás constantemente tratando de probarte a ti mismo ante ellos y que nunca cumples las expectativas.

Después de leer estas descripciones, es posible que tengas una conciencia repentina de que estás siendo manipulado y, por experiencia personal, te sientas enfadado contigo mismo. No lo estés. No eres estúpido, ni has hecho nada malo para que te traten así. Estas personas llevan años practicando estas técnicas, es algo natural para ellos. Lo que importa ahora es que seas consciente de su comportamiento.

La psicología oscura de la manipulación

La psicología oscura se centra en la ciencia de la manipulación y el control y es la que utilizan los psicólogos e incluso los criminólogos para entender los problemas que surgen de la manipulación. La Tríada

Oscura es un conjunto de tres perfiles de personalidad negativos que son perjudiciales y tóxicos: narcisismo, psicopatía y maquiavelismo (Paulhus y Williams, 2002). Más concretamente, la Tríada Oscura es:

Narcisismo: el ego, la falta de empatía, un sentido superior del yo

Psicopatía: encantador y amable, pero egoísta y sin remordimientos

Maquiavelismo: uso de la manipulación para explotar a los demás sin sentido de la moral

La Tríada Oscura suena tan grave que se podría suponer que es un tipo de manipulación menos común, pero es todo lo contrario.

Estas son algunas de las formas en que la gente utiliza los rasgos de la Tríada Oscura en situaciones cotidianas:

- Inundar de amor o hacer la pelota: Dar regalos, cumplidos y afecto antes de pedir algo a alguien.
- Decir mentiras: Decir verdades parciales, exageraciones o simplemente mentiras.
- Negar el amor y el afecto: Esto puede ser cualquier cosa, desde la falta de interes en la persona hasta negar el contacto físico, los abrazos, los besos y el sexo.
- Restringir las opciones: Ofrecer dos o más opciones, pero ninguna de ellas es la que la persona realmente quiere hacer.

- Psicología inversa: Decirle a alguien que no haga algo para animarle a querer hacerlo, o viceversa.
- Utilizar la semántica: Muchas palabras tienen más de un significado dependiendo del contexto; una persona puede usar una definición, y aunque el entendimiento es claro, el manipulador usará a propósito el otro significado.

La psicología oscura y la Tríada Oscura son bastante comunes. Algunas personas no se esfuerzan por evitar este tipo de comportamiento, sino que de hecho lo enseñan, por ejemplo, en algunas empresas de ventas y marketing. Este es el grado al que algunos llegarán para asegurarse de que sus objetivos y necesidades se cumplan por encima de cualquier otra cosa.

¿Estoy siendo manipulado? ¿Puedo evitarlo?

Tal vez tengas tus sospechas, pero aún no puedes decir definitivamente que sí o que no. Estar seguro de ti mismo es el primer paso para comprender los principios de la manipulación, de modo que puedas identificarla cuando se produzca antes de que sea demasiado tarde.

Hazte las siguientes preguntas. Intenta ser bastante estricto contigo mismo y responder sólo con un sí o un no.

Si respondemos con una escala o incluimos "quizás" abrimos la puerta a las excusas por su comportamiento.

1) ¿Es la situación tu responsabilidad?

2) ¿Te sentirás bien haciéndolo?

3) ¿Lo haces para evitar una reacción emocional?

4) ¿Te da miedo decir que no?

5) ¿Hay algún tipo de compromiso?

6) ¿La otra persona haría lo mismo por ti si la situación fuera a la inversa?

7) ¿Te dice tu instinto que es lo correcto?

No debes sentirte obligado a hacer nada que no quieras y todos tenemos derecho a decir que no. Si crees que algo no te conviene, tienes que ponerle freno enseguida. Los límites y el decir no son las mejores maneras de evitar la manipulación, pero no son habilidades que le salgan a todo el mundo de forma natural. Por eso, más adelante profundizaremos en la mejora de estas habilidades esenciales.

Una forma muy sencilla de evitar ser manipulado es compartir tus intenciones. Cuanto más sepa la gente cómo te sientes, qué haces y cuáles son tus objetivos, más difícil será para los manipuladores controlar la opinión de los demás. También debes asegurarte de que todo está documentado y de que lo compartes con los demás. Un manipulador en la oficina no puede negar sus responsabilidades cuando has enviado un correo electrónico informando a todos de los pasos que vas a dar hacia el objetivo de la oficina.

Por último, sé fuerte, seguro y firme y dile al manipulador que eres consciente de lo que está intentando conseguir y que no lo tolerarás. Mantén los hechos en lugar de las emociones, porque es más difícil negar las cosas cuando hay pruebas que las apoyan. Los manipuladores no están acostumbrados a que se les llame la atención sobre su comportamiento, por lo que es probable que haya una confrontación, pero su reacción no es responsabilidad tuya. Recuerda mantener tus objetivos en mente y estar orgulloso de ti mismo por hacer algo que muchos simplemente ignorarían.

Evitar al manipulador y sus tácticas es una cosa. Lo que te da poder es saber que te has adelantado al juego y que te has protegido. Si el manipulador se ha abierto paso en tu vida y no estás seguro de cómo enfrentarte a él, aún podemos ponerle fin e incluso salir mejor del otro lado.

Nuestro próximo capítulo se centra en qué hacer cuando no puedes evitar a una persona manipuladora.

8

Cómo detener (y superar) la manipulación

Ahora que entendemos lo común que es la manipulación, es fácil apreciar que no toda la manipulación puede ser evitada. Para no estar sometido a estas tácticas habría que aislarse de muchas personas en su vida, no conocer nunca a gente nueva y, por supuesto, apagar todas las redes sociales, las noticias, los anuncios, etc. Esto no sólo no es saludable, sino que además te estás perdiendo muchas experiencias y relaciones potencialmente maravillosas.

El hecho es que está bien tener personas manipuladoras en tu vida, siempre y cuando sepas cómo manejarlas y no termines siendo controlado y dictado por ellas. Eso no significa seguir como si no pasara nada. Aprendiendo las habilidades esenciales para detectar y detener la manipulación es como vas a recuperar el poder sobre tu propia vida y empezar a disfrutar más.

. . .

Este capítulo le ofrece siete poderosas tácticas que mostrarán a su manipulador que su comportamiento no será tolerado. Pero antes de eso, asegurémonos de no haber pasado por alto ninguna señal de manipulación.

Cómo reconocer la manipulación a largo plazo

En el capítulo anterior, dedicamos una buena cantidad de tiempo a ver cómo detectar la manipulación antes de que ocurra. Probablemente también tengas una buena idea de si las personas que no puedes evitar te están manipulando. La manipulación puede ser encubierta o abierta, muy sutil o completamente autodirigida. Es el acto de utilizar la psicología para controlar a los demás para que sientan o actúen de forma contraria a su verdadero yo.

A veces, cuando llevamos mucho tiempo cerca de una persona, la manipulación se mezcla con otros comportamientos tóxicos y no es tan fácil de detectar. Ya sea de forma intencionada o no, los manipuladores pueden recurrir a las formas más sutiles para derribarte poco a poco. Éstas son las más difíciles de detectar, especialmente cuando es difícil imaginar que las personas más cercanas a ti jueguen a este tipo de juegos.

. . .

Aparte de lo que hemos comentado en el capítulo anterior, una bandera roja debería ondear si notas que una persona siempre te anima a hablar primero. Seguro que crees que sólo están siendo educados, pero en realidad sólo quieren establecer una línea de base de lo que estás pensando. Puede que incluso sigan con algunas preguntas, lo que, de nuevo, parece considerado. Lo que están haciendo es permitirte abrirte para que puedan encontrar tus puntos débiles y luego cultivar su propio plan.

También debes desconfiar de las personas que siempre deciden el lugar de encuentro, independientemente de la actividad. Tú quieres cenar aquí, ellos quieren allí; tú quieres comprar en X pero ellos quieren Y; tu casa - no, tiene que ser la suya. Tenemos la tentación de seguir estos planes para no agitar el barco, pero lo que están haciendo es intentar sacarte de tu zona de confort y forzarte a ir a lugares donde ellos tienen el control.

También hay formas de comportamiento pasivo-agresivo que no deberían tolerarse. Una de las clásicas es hacerse el tonto. Esto puede ocurrir con cualquier tipo de actividad, desde no saber cómo funciona la lavadora hasta no entender la declaración de la renta o no ser capaz de entender una nueva tecnología. Al hacerse el tonto, la persona te anima a hacerlo por ella porque, al final, es más rápido si lo haces tú en lugar de explicarlo.

. . .

El viaje de la culpa es otra forma de comportamiento pasivo-agresivo. A veces, puede parecer juguetón: el labio inferior, una sonrisa y "Si me quisieras lo harías". Una forma más dura de culpabilización es acusar a los demás de ser egoístas o de no preocuparse por ellos para que se cumplan sus exigencias.

Si sientes que actúas o hablas de una manera que va en contra de lo que realmente eres o si te sientes constantemente agotado o confundido por una persona en particular, querrás empezar a trabajar en las siguientes técnicas para empezar a ver cambios impresionantes.

7 poderosas tácticas para superar la manipulación

#1. Conoce y defiende tus derechos humanos fundamentales.

Hay 30 derechos humanos básicos según la Declaración Universal de los Derechos Humanos (Naciones Unidas, 1948). Algunos de los que son objeto de manipulación son el derecho a la igualdad en el matrimonio, el derecho a la propiedad, la libertad de pensamiento y religión, y la libertad de opinión y expresión. También se tiene derecho a la intimidad.

. . .

El primer derecho humano es que todos los seres humanos son libres e iguales. Nadie merece más o menos que el siguiente. Nadie es superior, a pesar de cómo se sienta o cómo lo pinte la sociedad.

Dicho esto, como todos somos libres de tener nuestras propias opiniones, el manipulador tiene derecho a sentirse superior, pero no a hacer que los demás se sientan así. El artículo 30 dice que los derechos humanos no pueden ser arrebatados, y esta es la clave de nuestro entendimiento. No importa lo que otros intenten hacer, tú tienes derechos.

#2. Mantén la distancia lo mejor que puedas. Que pases ocho horas al día con alguien, que vivas con él o que sea tu familia cercana, no significa que tengas que permanecer constantemente a su lado. Pon un poco de distancia entre tú y esa persona y pasa sólo el tiempo necesario con ella. Lo que ocurrirá cuando hagas esto es que ganarás confianza, fuerza y control durante el tiempo que estés lejos y esto te ayudará a manejarlos en esos momentos que no puedes evitar.

#3. Deja de culparte. Hay dos categorías principales de cosas por las que nos culpamos: cosas por las que no deberíamos sentirnos culpables y cosas que deberían quedar en el pasado. No debes culparte por tus emociones o tus necesidades. Son lo que son. Si te sientes cansado, feliz, triste o harto, asúmelo y recuerda que la gente no tiene derecho a juzgarte. Tampoco tienen derecho a hacerte sentir mal porque necesites una noche para recuperarte o porque quieras salir a divertirte.

Es demasiado común que nos culpemos cuando no podemos hacer algo bien o si no somos buenos en algo. Los seres humanos no se supone que sean perfectos. En lugar de culparte por las cosas que no puedes hacer, presta atención a las cosas que haces bien, y no te sientas culpable si estás orgulloso de ello.

Si te ha herido alguien en quien confiabas, o se ha terminado una relación, estas cosas no van a cambiar. Es crucial que aprendamos de nuestro pasado, pero no nos permitamos seguir reviviéndolo.

Sé que todo esto es más fácil de decir que de hacer, sobre todo si hay alguien en tu vida que te recuerda constantemente lo que considera que son fallos. Seguir los pasos 1 y 2 te ayudará a evitar que los manipuladores vean esta autoculpabilización como una debilidad que pueden utilizar.

· · ·

#4. Vuelva a centrarse en el manipulador. Tanto si el manipulador es consciente de su comportamiento como si no lo es, volver a centrar la atención en él le permitirá ver sus errores o le hará caer en la cuenta de que usted está detrás de su comportamiento. Para ello, hay que hacer preguntas de sondeo:

¿Te parece justo?

¿Es razonable lo que me piden?

- ¿Tengo algo que decir al respecto?
- ¿Me lo estás pidiendo o me lo estás diciendo?
- ¿Qué voy a conseguir con esto?
- ¿Esperas sinceramente que (reitere su petición)?
- ¿Ha tenido en cuenta mi tiempo?
- ¿Has tenido en cuenta mi opinión?

Lo triste es que a un manipulador no le importarán las respuestas a estas preguntas porque su única preocupación es conseguir sus objetivos. La imparcialidad, tu opinión y tu tiempo, o lo que vas a conseguir con ello no se les pasaría por la cabeza. En cambio, si alguien está genuinamente interesado en tu bienestar, se tomará un momento para responder a las preguntas con sinceridad.

#5. Fije y establezca consecuencias firmes.

La mayoría de nosotros tenemos límites, aunque no seamos plenamente conscientes de que eso es lo que son.

. . .

Nuestros límites son el conjunto de reglas individuales por las que nos regimos. Este código de conducta proviene de nuestros valores y creencias, así como de experiencias pasadas que no queremos que se repitan. Los límites de la gente son muy personales, pero la mayoría estaríamos de acuerdo en que cometer un delito es una línea que no cruzaríamos, junto con la discriminación, el acoso, el engaño y la invasión del espacio personal.

En la mayoría de nuestras relaciones, personales y profesionales, la gente entenderá tus límites y los respetará.

Para un manipulador, los límites no existen y los violará con gusto si eso significa que sus necesidades se ven satisfechas.

Cuando una persona insiste en cruzar un límite y hacerte sentir incómodo, su comportamiento se ha vuelto tóxico.

Para mostrar la gravedad de las violaciones de los límites, hay que tener preparadas las consecuencias. Por ejemplo, si es un colega el que se pasa de la raya con el contacto físico, tienes que decirle que si vuelve a ocurrir lo denunciarás a **RRHH**.

· · ·

Las consecuencias son increíblemente valiosas, pero sólo si las haces cumplir. Por ejemplo, si tu pareja te grita y no te alejas, el manipulador aprenderá que puede seguir con su comportamiento negativo y que tus límites no significan nada. Sólo establece una consecuencia si sabes que puedes cumplirla.

Para mejorar el establecimiento de límites y sus consecuencias, asegúrese de practicar lo que quiere decir de antemano para tener más confianza y ser más elocuente.

#6. Aprenda a decir NO - y practíquelo regularmente.

Decir que no es difícil por muchas razones. La más común es que no queremos defraudar a la gente o que tenemos miedo de la reacción de la otra persona. Otra razón, menos discutida, es que no nos gusta la idea de que no podemos hacer todo lo que se nos pide. No poder compaginar el trabajo, la vida familiar y la vida social puede hacernos sentir que estamos fallando en algo. A pesar de todo esto, decir no es crucial para nuestro bienestar mental y físico, así como para anteponer nuestras necesidades y reforzar esos límites. Es importante recordar que decir no no es malo en absoluto, pero requiere práctica y determinación. Hay algunos consejos útiles para tener en cuenta a la hora de decir no:

• Decide si quieres decir sí o no; si no estás seguro, pide más tiempo.

• Sé amable en tu no, no sólo con las palabras sino también con tu tono y lenguaje corporal.

• Agradece a la persona que te haya tenido en cuenta.

• Ofrezca una alternativa que les convenga a ambos.

• Prepárate para tener que decir un no más firme.

Ampliemos esto con un ejemplo. La familia de Samantha quiere que lleve a sus hijos de vacaciones durante dos semanas en verano. Sus padres se sienten un poco culpables y dicen que nunca pueden pasar tiempo con sus nietos y que quién sabe cuánto tiempo les queda. Samantha podría responder de dos maneras:

1. "Gracias por la oferta. Sería un viaje precioso, pero no puedo comprometerme porque ya tenemos planes. Aunque podríamos hacer una semana".

2. "No, lo siento. Eso no va a funcionar para mí".

Puedes ver que la primera frase es la forma más suave de decir no sin tener que usar la palabra. La segunda frase es más firme, pero no es grosera ni agresiva. A veces tenemos que empezar con las palabras más amables y utilizar palabras más firmes si la persona se resiste.

· · ·

Estos son buenos pasos para decir que no a una persona normal, pero pueden no ser suficientes para los manipuladores de nuestra vida. Rara vez es una buena idea explicar a un manipulador por qué estás diciendo que no, porque utilizará tus palabras en tu contra e intentará cambiar tu agenda para que no tengas excusa para decir que no. He aquí algunas frases directas que puedes utilizar para decir que no a un manipulador.

-Gracias, pero no.

-Mi horario no lo permite.

-No va a funcionar para mí.

-No, no puedo.

-Hoy estoy demasiado ocupado, mañana estoy libre.

-No me siento cómodo con eso.

-Tengo una regla de no...

-¡No!

-He dicho que no y lo he dicho en serio.

Existe la posibilidad de que la persona a la que dices que no se enfade o monte una escena. Esto depende de ellos y no de ti. Has dicho que no de manera firme pero justa y no necesitas justificar esta respuesta, ni sentirte culpable por ello. Si la reacción de la persona es demasiado para ti, hazle saber que te vas y que volverás a hablar de ello cuando se haya calmado.

#7. Enfréntate al acosador por lo que es, de la manera correcta.

Nadie quiere sentirse presionado o pisoteado. A veces no se puede aguantar mucho antes de que se produzca un arrebato inesperado y fuera de lugar. Aunque puede sentirse bien desahogarse, cuando se trata de un manipulador es más probable que el tiro salga por la culata, sugiriendo que estás fuera de control o incluso loco. Por eso tienes que asegurarte de que te enfrentas a tu acosador de la manera correcta: con seguridad, calma e inteligencia. Para ello, tiene que haber tiempo suficiente para mantener una conversación, ambas partes tienen que estar en el estado de ánimo adecuado y, sobre todo, tiene que haber calma. Si no sientes que puedes controlar tus emociones en ese momento, es mejor esperar. Si temes por tu seguridad de algún modo, asegúrate de que hay gente a tu alrededor por si las cosas se vuelven agresivas o violentas. No vale la pena sacrificar tu seguridad por enfrentarte a un acosador, así que elige bien el momento.

No todo el mundo quiere manipularte, pero la vida será más agradable cuando sepas identificar el comportamiento y dominar cómo manejarlo. Los que se preocupan por ti asumirán lo que dices. Los cambios no se producirán de la noche a la mañana, ya que estás modificando hábitos que llevan mucho tiempo implantados, pero empezarás a ver que los esfuerzos dan sus frutos. No olvide que un poco de paciencia por su parte también servirá de mucho. Si no ves los resultados que deseas, es el momento de romper con el manipulador para poder iniciar nuevas relaciones equilibradas con respeto mutuo.

9

Navegando la negatividad

AL IGUAL QUE EL DRAMA, algunas personas prosperan con la negatividad. Como hemos mencionado, la mayoría de nosotros responderá a "¿Cómo estás?" con un bien o una buena, pero todos conocemos al menos a una persona que iniciará una discusión profunda sobre todo lo negativo que se le ocurra. ¡Es agotador! Sin embargo, también es algo que no podemos eliminar por completo de nuestras vidas, por lo que es necesario aprender a sortear este tipo de comportamiento tóxico. Empezaremos por mirar en nuestro interior y cuestionar nuestra propia negatividad.

Incluso las personas más positivas no pueden escapar de su propia negatividad

. . .

Si eres completamente honesto contigo mismo, puedes admitir que tienes un elemento de negatividad sobre ti mismo.

Eso no quiere decir que contagies esa negatividad a los demás, pero ya sea de vez en cuando o con más frecuencia, los pensamientos negativos se cuelan. Puede que tengas problemas de salud o financieros y, por supuesto, sabemos que habrá problemas serios con tus relaciones. Cualquiera de ellos puede llevarnos a preguntas como "¿Por qué yo?" o "¿Qué he hecho para merecer esto?".

Puede que empieces a pensar en los "si". Si no me hubiera enamorado de esa persona o no hubiera aceptado este trabajo. Después de reproducir la negatividad, es posible que te des una sacudida y asumas que es lo que es y que no tienes elección.

Si piensas en las cosas a mayor escala, la vida es una cadena de elecciones: algunas son fáciles, otras más difíciles, pero todo es una elección que puedes hacer. Puedes elegir lo que quieres para cenar, a qué hora te vas a la cama, a dónde vas de vacaciones y, lo más importante, la compañía que tienes. Desde que te has levantado esta mañana, ¿cuántas elecciones has hecho? Probablemente ninguna de ellas haya sido tan difícil.

· · ·

¿Qué desencadena la negatividad?

Cada una de nuestras emociones tiene desencadenantes.

El olor de los cachorros o de la hierba recién cortada puede desencadenar la felicidad, mientras que ver las noticias puede hacer que nos sintamos enfadados o tristes. La negatividad puede ser desencadenada por algunas de nuestras emociones más intensas. Para poder adelantarte a esta negatividad, tienes que analizar cuáles son tus desencadenantes.

Algunos ejemplos comunes son:
- Trato injusto
- Que alguien cuestione tus creencias o valores
- Ser ignorado, excluido o rechazado
- Sentirse emocionalmente agotado por los demás
- Una falta de control o independencia
- Traición y mentiras
- Ser criticado
- Que se le falte el respeto

Por supuesto, la negatividad puede surgir de cosas menores como el tráfico a circunstancias mayores como las relaciones abusivas. A veces, nuestros desencadenantes pueden provenir de cosas que han sucedido en nuestro pasado lejano: unos padres distantes pueden desencadenar el miedo al abandono.

Aprender cuáles son tus desencadenantes te llevará a un lugar maravilloso en el que podrás tomar una decisión. En primer lugar, tu desencadenante está ahí para avisarte.

Es posible que empieces a sentir emociones negativas o que tengas síntomas físicos como un aumento del ritmo cardíaco, una sensación de malestar, mareos o temblores.

Entre el desencadenante y tu respuesta hay un espacio.

Puede que sólo sea una fracción de segundo, pero sigue estando ahí. En ese momento, puedes elegir cómo reaccionar.

Supongamos que has tenido un día increíblemente estresante en el trabajo, tu cuerpo está agotado y temes al día siguiente. Tu reacción es tomarte una cerveza o una copa de vino, pero antes de que la negatividad te abrume, podrías optar por el yoga o la meditación. Si tu reacción es gritar a la gente que te frustra, puedes sentir cómo se acumula la frustración, pero, antes del estallido, podrías optar por respirar profundamente para calmarte y volver a centrarte.

Naturalmente, te llevará tiempo dominar esto y tendrás que ser paciente contigo mismo. Antes de esperar controlar tu respuesta, tómate un tiempo para observar diferentes situaciones y anotar tus reacciones físicas y emocionales para entender realmente qué te desencadena.

Cómo puedes prepararte para el éxito

La negatividad interior puede controlarse. La negatividad de los demás puede evitarse hasta cierto punto, pero el resto será mucho más fácil de manejar cuando usted esté prosperando. Hay dos formas fundamentales en las que puedes empezar a cuidar de ti mismo para tener más éxito, sea lo que sea que eso signifique para ti. Empecemos por lo que puedes hacer por tu físico:

1. Adoptar una rutina: La rutina proporciona estructura y ayuda a crear un día más equilibrado y organizado. Una forma estupenda de empezar el día es con una rutina matutina que te haga feliz: quizás una breve sesión de cardio, pasear al perro o hacer algunos estiramientos. Todo esto puede ayudar a empezar el día de forma positiva. Tener un plan para tu día te permite mantener el control.

. . .

2. Concéntrese en la forma de alimentar su cuerpo: Un desayuno saludable es una forma ideal de aumentar los nutrientes y la ingesta de energía. Si sientes que buscas tentempiés azucarados a lo largo del día, prueba a elegir cosas que aumenten tu estado de ánimo, como bayas, frutos secos, semillas e incluso chocolate negro.

3. Elige el momento adecuado del día para tus tareas más exigentes: Algunas personas se encuentran en su mejor momento por la mañana y se sienten un poco flojas después de comer; otras son lo contrario y tardan un poco en entrar en calor. Si tienes un montón de cosas que sabes que son estresantes, quítatelas de encima primero. Después, planifica tu día de manera que las tareas más exigentes se programen para cuando estés en tu mejor momento.

4. Deja de hacer varias cosas a la vez: Se nos presentan imágenes de que las personas multitarea son capaces de conseguir más, pero lo cierto es que cuando no ponemos toda nuestra atención en una tarea puede llevar más tiempo y se pueden cometer errores. Esto no sólo se aplica al trabajo. Si estás con tus hijos, estate con ellos. Si sales a cenar, estate en el presente y no te distraigas con el teléfono.

. . .

5. Muévete, ríe y juega: Cualquiera que esté encerrado en un escritorio debería intentar moverse durante unos minutos cada 30 minutos aproximadamente. También es una buena idea dar un paseo durante la pausa del almuerzo para aumentar el oxígeno en el cerebro. No olvide nunca la importancia de reírse y divertirse, aunque sea durante unos minutos a lo largo del día. Elige una aplicación con juegos para el cerebro, mira tus vídeos favoritos de YouTube o llama por teléfono a un amigo que te haga reír.

6. Duerme la cantidad adecuada para tu cuerpo: Tanto si necesitas 6 horas como 9, asegúrate de irte a la cama a tiempo para que tu cuerpo y tu mente tengan la oportunidad de descansar y recuperarse.

Evita la cafeína y el alcohol por la noche. Por mucho que te sientas tentado a llevarte el teléfono a la cama, intenta dejarlo en la otra habitación. Es posible que te encuentres en las redes sociales y que haya algo de negatividad online que no necesitas antes de irte a dormir.

Cuando cuidas de tu físico, es más fácil salir adelante emocionalmente y esto también se verá favorecido si estableces límites y los refuerzas. No intentes alejar tus emociones o ignorarlas. Es importante sentir, reconocer y procesar tus emociones. Escribir un diario es una buena manera de sacar todos esos sentimientos sin temer el juicio de los demás. Escribir te permitirá ganar objetividad sobre diferentes situaciones y ver las cosas desde otro punto de vista.

Visualizar tu poder personal y crear una vida mejor para ti

Otra gran estrategia para sortear lo negativo es aumentar lo positivo en tu vida. Aunque no es ni bueno ni malo, a medida que envejecemos, adquirimos más y más responsabilidades, y de un modo u otro, podemos perder nuestro sentido de la identidad y lo que consideramos nuestro verdadero yo. También es más que probable que prestemos demasiada atención a lo que la sociedad cree que debemos ser, que es la peor manera de perder el poder personal.

Tu poder personal es la capacidad de verte a ti mismo como un individuo que tiene fortalezas, debilidades y potencial.

Cuando dejamos de luchar contra lo que creemos que deberíamos ser, podemos acceder a nuestro poder personal y utilizarlo para trabajar hacia nuestros objetivos y la vida que queremos llevar. Empieza por reflexionar sobre tu situación actual, pregúntate por qué haces las cosas que haces y qué ganas con ello. Evalúa tu situación y tus relaciones para que puedas utilizar toda esta información para planificar el futuro.

Después de años de tratar con personas tóxicas, recordarte a ti mismo lo bueno que eres es un trabajo duro. Pero, al fin y al cabo, eres increíble. Eres una buena persona, amable, cariñosa, inteligente y hermosa. Tienes tus defectos porque todos los tenemos. Puede que quieras perder un par de kilos, que desees no tener tantas arrugas y que posiblemente veas alguna que otra serie en Netflix en lugar de hacer algo más productivo, pero nada de esto quita que seas una buena persona. A medida que vayas mejorando en el establecimiento de tus límites y en la eliminación de la toxicidad de tu vida, será más fácil creer esto. También dejarás de prestar atención a los que no merecen tus elogios y empezarás a dedicarlos a los que sí los merecen. Esto te ayudará a ver la gran persona que eres y encontrarás el poder personal necesario para crear tu visión.

Podrías pensar que es tan sencillo como preguntarte qué quieres hacer con tu vida, pero es una pregunta muy pesada de responder y no se puede contestar de inmediato. Gran parte de la respuesta proviene del trabajo que ya hemos realizado, por lo que tienes un poco de ventaja. Tu visión dependerá de tus valores y creencias, que hemos analizado al crear los límites. También necesitas una gran cantidad de planificación, que empezamos con la reflexión, la evaluación y la planificación. Empecemos con las preguntas que se hacen sobre el presente, seguidas de las que se hacen sobre cómo imaginas tu futuro, para que puedas trabajar en la unión de ambos.

Preguntas que se refieren a tu vida actual:
- ¿Qué cosas te importan en este momento? Ignora las cosas que deberían importar.
- ¿Qué quieres conseguir en tu carrera?
- ¿Qué quieres más en la vida? ¿Te traerá esto la felicidad?
- ¿Cómo quieres que sean tus relaciones?
- ¿En qué eres bueno?
- ¿Qué quieres lograr en la vida?
- ¿Qué habilidades te gustaría mejorar?
- ¿Tienes alguna pasión que te gustaría desarrollar?

Ahora elige un momento en el futuro. Puede ser dentro de 5, 10 o 20 años.

Preguntas que miran a tu futuro:
- ¿Qué habrás logrado?
- ¿Qué estarás haciendo? ¿Cómo es un día típico?
- ¿Dónde vives? ¿Qué tipo de hogar tienes?
- ¿Quiénes son las personas que te rodean?

- ¿Qué aspecto tienes?
- ¿Cómo son tus emociones?

Si tu visión de la vida te hace sentir feliz y entusiasmado con el futuro, sabes que estás en el camino correcto. Si no es así, habrá que modificar algunas de tus ideas.

El siguiente paso es planificar cómo vas a ir de A a B. Es probable que tengas que desarrollar nuevas habilidades o tomar ciertas decisiones en las que no habías pensado antes. Si te imaginabas en una casa grande en el campo, puede que tengas que ajustar tu situación financiera para llegar allí. Si te imaginas una familia numerosa a tu alrededor, puede que sea el momento de plantearte la adopción, porque precipitarte en una relación sólo para tener hijos va a hacer que tu vida tome otro rumbo.

Su poder personal necesita una frase de poder

Un último consejo para potenciar realmente tu poder personal es crear una frase de poder.

Probablemente hayas oído hablar de cosas como los mantras y las afirmaciones, frases cortas que te ayudan a mantenerte centrado en un objetivo o a animar a la mente a empezar a creer en lo que deseas conseguir.

Por ejemplo, creo en mis visiones, me quiero a mí mismo, estoy orgulloso de mí mismo. Una frase de poder es muy parecida, pero como su nombre indica, nos permite centrarnos en nuestras fuerzas interiores.

Una frase de poder puede ser cualquier frase corta, normalmente sólo tres palabras que se pueden repetir en cualquier momento que se necesite. Puede ser antes de una reunión importante o de una conversación crucial. Puede ser cuando te sientas estresado o abrumado. Tu frase de poder es una gran herramienta que puedes utilizar entre un desencadenante y una reacción para ayudarte a calmarte y volver a centrarte, ya que te ayuda a recuperar el control.

Para crear tu propia frase de poder, debes volver a tus objetivos y visiones de cómo te ves en tu mejor momento.

Ahora selecciona tres adjetivos que se relacionen con esto.

Las posibilidades son infinitas, pero te daré algunos de mis favoritos:

- Hermoso
- Fuerte
- Poderoso
- Independiente
- Capaz
- Inteligente
- Magistral
- Agradecido
- Talento
- Alegre
- Enérgico
- Creativo
- Divertido
- Leal
- Valiente
- Asombroso
- Positivo
- Confianza

Además de utilizar tu frase de poder en momentos de necesidad, puedes incorporarla a tu rutina diaria. Repite tu frase unas cuantas veces mientras te duchas, preparas la comida o conduces al trabajo.

Acepta, abraza y libera la negatividad

Está aquí y no va a ir a ninguna parte.

. . .

Tienes la posibilidad de elegir si te quedas con la negatividad o te elevas por encima de ella. Elegir ser feliz y positivo no sucede de la noche a la mañana, y suponer que lo hará te llevará a la decepción.

Incluso después de practicar las técnicas mencionadas, seguirás teniendo que lidiar con la negatividad de los demás.

Es más fácil cuando nos cuidamos a nosotros mismos y practicamos el amor propio. Sin embargo, aprender el método de "aceptar, abrazar y soltar" te ayudará a protegerte de la negatividad de la que no puedes escapar.

10

Tratar gente tóxica o difícil sin dejar que absorban tu poder

AHORA SOMOS MUY conscientes de que siempre habrá algún tipo de personas tóxicas en nuestras vidas. A pesar de eliminarlas en la medida de lo posible, es posible que se inicien nuevas relaciones y no sea posible evitarlas por completo.

Puede que empieces un nuevo trabajo que te encante, excepto por ese colega. Puede que tengas un ser querido que pase por una experiencia traumática y empiece a mostrar un comportamiento tóxico. Aprender a hablar con estas personas es tu mejor herramienta no sólo para sobrevivir, sino también para empoderarte.

Yo, como muchos otros, he pasado por diferentes tipos de relaciones que eran completamente insanas. Una de dos cosas tiende a suceder. La relación insana se prolonga durante mucho más tiempo del que debería, o termina, a menudo de forma desordenada.

En ambas situaciones, ha habido una ruptura significativa de la comunicación y no se han mantenido las conversaciones más importantes.

Nos resistimos a tener estas conversaciones por miedo o temor a las reacciones. Tal vez, en el fondo, sabemos que la relación está acabada, pero hablar de los problemas sólo va a confirmarlo. Sólo eso puede impedir que nos comuniquemos.

Lo irónico es que hablar con personas difíciles o tóxicas puede aliviar muchos de los problemas y dar paso a una relación más sana. Por otro lado, si no se resuelven los problemas, se puede terminar la relación de una manera más respetuosa sin que se alargue innecesariamente. En cualquier caso, aprender a hablar con este tipo de personas te quitará un gran peso de encima, te liberará de su comportamiento tóxico y te permitirá recuperar tu poder.

7 consejos para comunicarse con una persona tóxica

. . .

#1. *Manténgase frío, no muestre ninguna emoción.*

Hemos hablado de esto con los manipuladores y los sociópatas, pero se aplica a todas las personas tóxicas. Suena muy duro, sobre todo si te gusta ser cálido con los demás. Recuerda que no tienes que ser frío con todo el mundo, sólo con los que son difíciles.

El problema es que, independientemente de sus posibles problemas de salud mental, las personas difíciles utilizarán cualquier indicio de tus emociones para manejar y controlar la conversación. Si levantas la voz aunque sea un poco, pueden responder diciendo que siempre te enfadas. Si te defiendes, estás a la defensiva, y si lloras eres demasiado emocional.

Puedes ser honesto sobre el propósito de la conversación, los hechos son excelentes, pero te quedas al borde de la frialdad.

#2. *No negocie.*

La frase "No negociamos con terroristas" se ha utilizado en todo, desde la política gubernamental hasta las películas, y como un eslogan popular, ¡por una buena razón! Sin duda, es una frase que debería sonar constantemente en tu mente. Imagínese que esa persona es un terrorista que le plantea exigencias poco realistas y peligrosas y espera que usted sucumba.

Reconozcámoslo, durante mucho tiempo, probablemente incluso años, has estado negociando con personas tóxicas y eso no te ha llevado a un buen lugar.

Durante tus conversaciones con personas difíciles, no hay zonas grises, ni quizás, ni puntos intermedios. Hay blanco o negro, sí o no, según tus necesidades y lo que te diga tu instinto. De nuevo, suena duro y muy difícil, pero no estás cruzando la línea para ser desagradable, sino que te mantienes firme.

#3. Mantente firme, pero no estés a la defensiva.

Cuando se critica nuestro carácter o comportamiento, una respuesta natural puede ser ponerse a la defensiva.

Sentimos la necesidad de justificar nuestras acciones o de culpar a los demás del problema. La respuesta más peligrosa es dejar de escuchar lo que dicen, ya que provocará una ruptura de la comunicación.

El problema es que las personas tóxicas harán todo lo posible por encontrar tu botón defensivo. Sacarán a relucir argumentos o errores que cometiste en el pasado, destacarán una debilidad que saben que te hará más daño. Todo esto lo hacen para conseguir una reacción emocional por tu parte.

Siempre debes defenderte y no dejar que los demás saquen a relucir cosas que no vienen al caso sólo para verte sufrir. Al mismo tiempo, asegúrate de tener el control emocional y de mantenerte dentro del tema. Dígale a la persona, de forma asertiva, que no le faltará al respeto.

#4. *Reconoce que en realidad nunca será tu turno.*

No va a ser tu turno de ser el que tiene sentido lógico, no va a ser tu turno de hablar sin interrupción, y no va a ser tu turno de tener la razón. Puedes seguir luchando o puedes elegir aceptar esto porque es el juego infantil que les gusta jugar.

Tienes el poder de sobreponerte a esto. Si crees que les vas a dominar ganándoles en su propio juego, sólo vas a hundirte a su nivel. Mantén la cabeza alta, mantente firme en tu expresión y valores, ya que así no podrán drenar tu poder.

#5. *Sé breve y dulce.*

Corto y dulce, tal vez no, ya que seguimos buscando la versión firme y no emocional de ti. Corto y sencillo, definitivamente.

. . .

Cuanto más tiempo hables, más posibilidades hay de que empieces a hablar de forma fluida y de que esas emociones se involucren. La mayoría de las veces, cuando se es breve y sencillo, la conversación es también mucho menos dramática.

Conoce el punto que quieres exponer. Tu parte debe incluir el problema y la solución. No te preocupes si pareces brusco. No es lo mismo que ser grosero o maleducado. Este enfoque permite que las cosas terminen más rápido.

#6. *Proteja su talón de Aquiles.*

Todos tenemos nuestros puntos débiles, pero no tu mecha corta o tu sobreprotección de los niños. Tu talón de Aquiles es esa vulnerabilidad que duele como una puñalada en la espalda. Mi ex me decía "no estás bien mentalmente", y aunque no parezca gran cosa, sabía que era una preocupación mía y la utilizaba para desequilibrarme en cualquier discusión.

Seguir adelante y mantener tus emociones fuera de las conversaciones con personas difíciles te ayudará a proteger tus debilidades porque no podrán verlas. Para los que se sienten cómodos atacando tus puntos débiles, prepárate de antemano. Sabes que lo van a mencionar, así que ten algunas técnicas de respiración o un lugar feliz al que acudir en tu mente en lugar de dejar que te afecten. También ayuda mantener tus objetivos en mente y recordar por qué estás teniendo la conversación en primer lugar.

#7. *Hazlo por ti y no para ganar.*
Todos podemos admitir que tenemos momentos en los que hay un impulso abrumador de ganar una discusión, incluso si ni siquiera sabes cómo es ganar.

La verdad es que nadie gana nunca una discusión. En cuanto cualquiera de las partes lo ve como algo que se puede ganar o perder, has perdido. Otra buena es: "Puede que hayas ganado la batalla, pero no has ganado la guerra".

El objetivo de estas conversaciones es mejorar la relación, no ganar.

Las conversaciones con personas difíciles son necesarias para el crecimiento personal, una vida mejor, más equilibrio en una relación, y muchas otras razones más cruciales que para ganar un punto. Recuerda que lo

haces por ti mismo y que ésta debe ser tu principal preocupación.

Frases exactas para hablar con personas tóxicas

Mucho de lo que hemos visto hasta ahora ha sido sobre la preparación mental. Ahora es el momento de ver las frases específicas que puedes usar en tus conversaciones con personas difíciles. Mi consejo es que nunca utilices una frase si no te parece adecuada. Al fin y al cabo, todas estas son grandes ideas, pero serás tú quien decida qué frases son las mejores para utilizar en la conversación en la que te encuentras en ese momento.

Rebeca Zung, abogada y autora, creó un excelente vídeo sobre los diferentes tipos de frases que puedes utilizar con las personas tóxicas. Su vídeo Frases para desarmar a un narcisista te ayudará mucho a inspirar las palabras adecuadas para cada situación. Veamos algunos ejemplos:

Sabemos que las personas difíciles van a decir cosas para conseguir un aumento. No hay ninguna verdad detrás de estas palabras y la preparación mental que hemos trabajado nos permite reconocer estas palabras como vacías y sin sentido. A veces, la mejor manera de tratar con las personas difíciles es simplemente darles la razón porque así se mantendrá la calma en la situación.

Como ellos buscarán una reacción, estas frases los detendrán en su camino:

- Estoy de acuerdo contigo
- Está bien, si eso es lo que sientes
- Tienes razón

Sólo puedes utilizar este tipo de respuestas para cosas que no te importan. Si alguien ataca tus creencias, tu religión o tus valores, entonces no deberías estar de acuerdo sin más. Por mucho que quieras continuar la conversación hasta que vean tu punto de vista, no va a suceder. Así que es mejor terminar la conversación cuanto antes:

- No estoy de acuerdo, pero ambos tenemos derecho a nuestras opiniones
- Tendremos que acordar no estar de acuerdo
- Tu opinión te parecerá correcta

Algunas situaciones requerirán frases con "yo", ya que quieres que el oyente preste atención a cómo te sientes tú y no a cómo te hacen sentir a ti. De esta manera no les estás culpando sino asumiendo la responsabilidad de tu parte en la situación:

Tenemos que mejorar nuestra comunicación.

Ambos hemos cometido errores.

Podemos trabajar juntos en esto.

También es posible que quieras halagar su ego porque, al fin y al cabo, es lo que necesitan en una relación. Al hacer que intervengan y ofrezcan su opinión, demuestran que valoras lo que tienen que decir. A veces, esto también puede poner de manifiesto lo ridícula que es su idea o su comportamiento. Aun así, no utilices estas frases si no estás de acuerdo con el plan que se propone:

- ¿Cuál es tu opinión al respecto?
- ¿Crees que es un buen plan?
- ¿Qué te parece si lo intentamos de esta manera?

Las personas tóxicas tienen una baja autoestima y habrá ocasiones en las que la mejor solución sea reconocerlo e intentar ayudarles a reforzar su autoestima. En lugar de dejar que se sientan ignorados, demuéstrales que les escuchas y que lo que dicen te importa.

- Escucho lo que dices
- Entiendo de dónde vienes
- Lo respeto (y repite el comentario)

Adapta estas frases a tu situación particular o a la persona con la que estás tratando, pero no olvides practicar su pronunciación en voz alta para que suenen naturales y no forzadas.

Prepara tu piel gruesa para las palabras duras que usarán

Me sorprende que, en inglés, así como en la mayoría de los idiomas, haya más palabras negativas que positivas. Hay 7 emociones básicas que se reconocen en la mayoría de las culturas: alegría, miedo, ira, tristeza, asco, vergüenza y culpa. ¿Cuántas ves que sean positivas? No es de extrañar que a la sociedad le resulte más fácil ser negativa que positiva.

· · ·

El abuso verbal es algo muy real y las palabras hirientes que usan las personas tóxicas pueden tener efectos duraderos. Como no podemos controlar lo que dicen los demás, sólo podemos aprender a protegernos de ello. Las contracciones negativas como "No puedes..." y "No lo haces..." son dos ejemplos obvios que no parecen ser tan malos. Sin embargo, después de meses o años de que te digan que no puedes hacer algo, empiezas a creértelo. Aquí tienes otras palabras para las que debes prepararte para poder protegerte:

- Tonto/estúpido/tonto
- Irresponsable/imprudente/descuidado
- Eres un fracaso/no eres bueno
- Te avergüenzas/te avergüenzan
- Eres una decepción
- Raro/extraño
- Loco/loca/está mal de la cabeza
- Aburrido/gruñón/antisocial
- Vago/inútil/inferior
- Feo/gordo/desaliñado
- Arrogante/jefe
- La palabra odio

Decide ahora cómo vas a responder a cada una de estas palabras. Si alguien te llama vago y sabes que no es cierto, entonces puedes aceptarlo e ignorarlo. Si una palabra hiere tus sentimientos, como llamarte feo, sabes que no es cierto, pero no es justo que lo toleres, así que defiéndete.

. . .

Domine sus habilidades de conversación

Cualquiera puede hablar, pero no todo el mundo se ha tomado el tiempo de dominar las habilidades de conversación. Esta es una habilidad vital no sólo para las personas tóxicas, sino para la vida. Cuando empieces a liberarte de las personas difíciles, empezarás a crear nuevas relaciones.

Las siguientes habilidades de conversación de los expertos te ayudarán a ser el maestro de las conversaciones con todo tipo de personas.

1. Escuchar de verdad

Todos podemos confesar un momento en el que alguien está hablando y nosotros estamos pensando en qué cenar.

Escuchar es esencial para poder responder adecuadamente.

No escuchar conduce a la falta de comunicación y a la frustración.

2. No juzgues a los demás

Todo el mundo tiene su propia historia, sus propios sufrimientos y sus propias razones. No juzgues a los demás porque rara vez conocemos la totalidad. Como no nos gusta que la gente haga juicios sobre nosotros, es justo actuar de la misma manera.

3. Sé observador

Es increíble la cantidad de temas de conversación que puedes encontrar cuando eres observador. Si te fijas en lo que lleva la gente, en los logotipos o incluso en los colores, puedes entablar una nueva conversación. Vi a dos mujeres que tenían una taza de viaje que decía "En serio". Para mí no tenía sentido, pero en cuanto se dieron cuenta, comenzó un gran debate de Anatomía de Grey.

4. El silencio está bien

No sientas la necesidad de forzar una conversación sólo porque temes el silencio. Es perfectamente normal que haya pausas en una conversación, dando a la gente la oportunidad de centrar sus pensamientos.

5. Tenga cosas interesantes que decir

Por otro lado, ¡cuidado con los silencios incómodos! Los silencios incómodos suelen producirse porque la gente se ha quedado sin cosas que decir. Para evitarlo, intenta estar al día de las últimas noticias, pero guarda la información para cuando la conversación se agote.

· · ·

Sé consciente de tu audiencia, especialmente cuando se trata de temas como la religión y la política.

6. Pida opiniones

Pedir la opinión de los demás puede suponer una auténtica inyección de confianza. A la gente le gusta saber que sus opiniones son valoradas. Puedes preguntar sobre restaurantes, libros, televisión. Un consejo, no pidas una opinión si no te va a gustar la respuesta y recuerda que no pasa nada si no estás de acuerdo.

7. Cuidado con el humor

El humor es como los temas de conversación, tienes que conocer a tu público. No todo el mundo compartirá el mismo sentido del humor, y más aún en diferentes culturas.

Dicho esto, el humor es un gran elemento para romper el hielo y debes sentirte cómodo utilizándolo. Busca algunos chistes o historias limpias y políticamente correctas que gusten al público.

8. Amplíe sus respuestas

Las respuestas de una sola palabra pueden resultar un poco groseras. Si alguien te hace una pregunta o te pide tu opinión, amplía tu respuesta para que la conversación pueda ir más allá.

9. Evite el bombardeo de preguntas

Hacer algunas preguntas puede mostrar un interés genuino en la otra persona. El bombardeo de preguntas puede hacerles sentir que están en una entrevista y, si no tienes cuidado, cruzar su límite. Como regla general, haz preguntas que te sentirías cómodo respondiendo.

10. Reconozca las señales de que la conversación ha terminado

Hay una viejecita al final de mi calle y siempre me tomo el tiempo de charlar con ella, pero seguirá, hasta el punto de que yo estoy en mi coche y ella sigue hablando. Si no eres capaz de saber cuándo terminar una conversación, la gente puede ser reacia a iniciar una contigo.

Dado que la forma de tratar con las personas difíciles varía de una relación a otra, tenemos que examinar más detenidamente los métodos específicos para tratar con los padres, la pareja y los amigos. En el próximo capítulo, examinaremos más de cerca las soluciones prácticas para tratar con los seres queridos difíciles de nuestra vida.

Conclusión

Conocerás gente dura sin importar edad, raza, cultura, orientación sexual o raza. Pueden esconderse a plena vista, pueden atraerte con amabilidad, cumplidos y amor para mostrar sus verdaderos colores, pero como dice el viejo dicho, las personas difíciles no pueden manejar un gato muerto sin conocer a un gato.

No tiene sentido luchar contra las personas desagradables y tóxicas en tu vida. Después de meses y años de tratar de convertir tu relación en una sana, ahora debes darte cuenta de que tus esfuerzos son en vano. Las personas se aprovechan de tu maravillosa personalidad, dejándote agotado emocional y físicamente, y en algunos casos incluso peor.

En lugar de hacerte preguntas como "¿Por qué yo?" o "¿Qué hice para merecer esto?" Has tomado una decisión: la persona no se habría unido a ti y habría encontrado a otra persona y la habría tratado de la misma manera.

Ahora es el momento de usar estas experiencias aterradoras como experiencias de aprendizaje y dejar de lado el sufrimiento.

Lo más probable es que, en los primeros días o semanas, todavía te sientas vulnerable y no estés listo para enfrentar a las personas tóxicas que te rodean. Entonces, el primer gran paso es siempre la introspección y la planificación.

Tómese el tiempo necesario para evaluar todas las relaciones. Crea tres columnas para las buenas personas que necesitan trabajo y las personas que sabes que ya no necesitas en tu vida. Vuelva a evaluar sus objetivos, lo que lo hace feliz y cómo quiere que sea su vida en los años 1, 5 y 10, pero mire dentro de usted y vea qué cambios puede hacer para ser más positivo. Es para los sociópatas y manipuladores para quienes necesitarás más fuerza y resistencia.

Intentarán todas las técnicas para hacerte cambiar de opinión y volver a colarse en tu vida. Necesitarás sentirte emocionalmente más fuerte para poder mantenerte firme.

Empieza con los cambios que te gustaría ver en las personas difíciles, quizás algo que tenga un impacto negativo en tu vida pero que sea un amigo que entenderá cuando le expliques tus sentimientos. Observa.

Poco a poco, irás mejorando. Tendrás días buenos y días malos y, poco a poco, los días malos serán menos frecuentes.

Verás que mereces ser feliz, respetado y apreciado. Te mereces vivir tu vida como quieres. Eliminar a las personas tóxicas de tu vida que no van a cambiar dará paso a nuevas relaciones y toda tu nueva sabiduría garantizará que estas relaciones sean sanas y equilibradas. No seas duro contigo mismo. Puedes seguir cometiendo errores. Aprende y déjate llevar.